Dietrich Rebstock

Große Männer - kleine Männer

Zum Funktionswandel des Vaterseins und die Bedeutung des Vaters für den Sohn

MännerMaterial Band 5.

Dietrich Rebstock

Große Männer - kleine Männer

Zum Funktionswandel des Vaterseins und die Bedeutung des Vaters für den Sohn

MännerMaterial Band 5

Neuling Verlag
Schwäbisch Gmünd und Tübingen 1993

1. Auflage 1993

Umschlaggestaltung: Bettina Bader, Tübingen
Lektoratsmitarbeit: Sabine Berg-Oswalt, Rottenburg
Satz: Laut und Laser, Tübingen
Druck: Rosch-Buch, Hallstadt

Printed in Germany
ISBN 3-922859-15-1

Inhalt

Einleitung

"Ich sage ja natürlich nicht, daß ich das, was ich bin, nur durch Deine Einwirkung geworden bin. Das wäre sehr übertrieben (und ich neige sogar zu dieser Übertreibung)."

(Franz Kafka; Brief an den Vater)

Worüber Franz Kafka im Brief an seinen Vater nachdenkt, den Spuren, die der Vater beim Sohn und in seinem Leben zurückgelassen hat, also der Bedeutung des Vaters bei der männlichen Sozialisation, diesem Thema soll in diesem Buch nachgegangen werden. Diese und eine weitere zentrale Perspektive, nämlich der Wandel der Vaterschaft, sollen miteinander verknüpft werden und stellen die roten Fäden dieses Buches dar.

Männliche Sozialisation als Thema der Erziehungs- und Sozialwissenschaften glich lange Zeit dem weißen Fleck auf der Landkarte. Inzwischen zeichnet sich ein Perspektivwechsel ab, der diese unbekannten Gebiete zu erkunden vermag. Es erweist sich heute noch als recht mühevoll, sich auf diesem "Neuland" zu bewegen. Die feministische Frauenforschung hat mittlerweile zahlreiche und ausführliche Untersuchungen zur weiblichen Sozialisation vorgelegt. Erst in den letzten Jahren kann es auf der männlichen Seite registriert werden, daß die männliche Sozialisation für Männer zum Thema wird (vgl. Böhnisch/Winter 1993[1]). Hinter Universalismen - wie "Kinder", "Jugendliche", "Schüler" oder "Menschen" - versteckten sich häufig Vorstellungen von Jungen, männlichen Jugendlichen oder Männern, wie die

[1] Leider konnten nur wenige Teile dieses Buches von Böhnisch/Winter in diese Arbeit mitaufgenommen werden, weil es sozusagen "zu spät" erschienen ist.

Frauenforschung hinreichend belegte. Andererseits können daraus nicht einfach Erkenntnisse zur männlichen Sozialisation abgeleitet werden. Denn die fehlende Geschlechtsperspektive verhindert es, daß die Geschlechtlichkeit der jeweils untersuchten Gruppe in den Blick kommen kann. Damit können solche Untersuchungen oder Theorien keinen Aufschluß geben über die *Besonderheiten* männlicher Sozialisation, über Vorteile und Nachteile, über spezifische Probleme und Schwierigkeiten, über leidvolle und lustvolle Erfahrungen, die Männer bei ihrem Mann-Werden erleben oder bei ihrem Mann-Sein haben.

Es gilt als allgemein anerkannt, daß in der Familie, in den ersten Lebensjahren von Kindern entscheidende Weichen für die Differenzierung der Geschlechter, für die Herausbildung und Entwicklung männlicher und weiblicher Geschlechtscharaktere gestellt werden. Die Grundlagen des "Mann-Werdens" und des "Mann-Seins", genauso wie die Vermittlung erster universaler Bilder von Männlichkeit, werden in der primären Sozialisation in der Familie vermittelt und reproduziert (ohne dabei den Blick davon ablenken zu wollen, daß natürlich die Familie stets auch ein Abbild gesellschaftlicher Grundstrukturen ist und sich insofern auch Gesellschaft über die Familie vermittelt). Angesichts dieser in der Sozialisationsforschung weitgehend übereinstimmend anerkannten Wichtigkeit der Familie überrascht es, daß dem "männlichen Pol der Familie", dem Vater, bislang kaum Aufmerksamkeit zuteil wurde. Bis zum Beginn der siebziger Jahre konzentrierte sich die entwicklungspsychologische und -pädagogische Forschung stark auf die Beziehung zwischen Mutter und Kind, auf die "naturgegebene" Mutter-Kind-Dyade. Im Jahr 1978 fand erstmals ein wissenschaftliches Symposium über die Bedeutung des Vaters für die Entwicklung des Kindes statt. In Theorie und Praxis schien der Vater für die kindliche Entwicklung und Sozialisation überflüssig zu sein[2].

---

[2] So bedauerte etwa Ursula Lehr, daß der Vater in der bisherigen Sozialisationsforschung stark vernachlässigt wurde (vgl. Lehr 1974 S.124).

"Vaterschaft" wurde zur Worthülse. "Väterlichkeit" entwickelte sich zu einem Begriff, der keine oder wenn, dann oft negative Assoziationen (Gewalttätigkeit) hervorruft.

Vor diesem Hintergrund bilden sich zwei zentrale Fragestellungen heraus, die auch das Kerninteresse dieses Buches repräsentieren:

- Was bedeutet es für die Geschlechtssozialisation von Jungen, einen Vater zu haben? Welchen Einfluß haben Väter auf das "Mann-Werden" ihrer Söhne?

- Was bedeutet es im männlichen Lebenszusammenhang, einen Vater zu sein? Wie und inwieweit definiert die Vaterrolle männliche Identität? Welchen Stellenwert und welche Funktion erhält die Vaterschaft in der männlichen Biographie?

So bewegt sich inhaltlich das Buch zwischen zwei Polen, die sich gegenseitig beeinflussen. Es soll versucht werden der Bedeutung des Vaterhabens und des Vaterseins näherzukommen, und zwar aus zwei verschiedenen Perspektiven: nämlich aus der von "kleinen Männern", den Söhnen, und der von "großen Männern", den Vätern. Wenn vom Vaterhaben und Vatersein die Rede ist, dann ist es unerläßlich, eine Art "Standortbestimmung" des Vaters und seiner Rolle in Gesellschaft und Familie vorzunehmen. Im ersten Teil dieser Arbeit wird deshalb zuerst ein sozialhistorischer Rück- und Überblick über die Entwicklung der Vaterrolle bis heute gegeben. Es wird sich zeigen, daß aktuelle Bilder von Vatersein und Väterlichkeit, aber auch von Geschlechtscharakteren und Geschlechtsstereotypen sowie dem damit verbundenen Denken und Handeln ihre Wurzeln in weit zurückreichenden, durch gesellschaftliche Veränderungen entstandenen Arrangements haben. Eine eher soziologische Perspektive beleuchtet die Rolle des Vaters mit ihren einzelnen Funktionen. Dabei fällt vor allem der

Verlust wichtiger traditioneller Funktionen und der Funktionswandel der Vaterschaft ins Gewicht. Anhand einer empirischen Untersuchung zur Situation von Männern in Beruf und Familie wird dokumentiert, wie heute Väter und Männer die Vaterrolle bewerten, welches Selbstbild sie von sich als Väter haben, wie Beruf und Vaterschaft vereinbart werden können usw. All diese Fakten und Ergebnisse werden anschließend aus einer anderen, einer "kritischen" Männerperspektive betrachtet, ergänzt und interpretiert. Es soll darauf hingewiesen werden, daß die Rolle des Mannes und damit auch die Rolle des Vaters zahlreichen Widersprüchen ausgesetzt ist.

Im zweiten Teil dieses Buchs geht es um die Bedeutung des Vaters bei der geschlechtsspezifischen Sozialisation von Jungen, also das "Vaterhaben". Dabei werden unterschiedliche Theorien zur Geschlechtssozialisation danach befragt, wie sie das "Mann-werden" von Jungen erklären und welche Bedeutung sie hierbei dem Vater zuschreiben. In der Beurteilung und Kritik dieser Theorien soll vor allem überprüft werden, ob sich die von den verschiedenen Theorien entworfenen und verwendeten Bilder von Männern und Vätern, die eingesetzten Geschlechtskonzepte, mit den im ersten Teil des Buchs erarbeiteten Bedingungen des Vaterseins und der Männerrolle heute überhaupt noch in Übereinstimmung bringen lassen können. In einem weiteren Schritt werden Ergebnisse der empirischen Forschung zum Einfluß des Vaters auf die geschlechtsspezifische Sozialisation von Jungen dargestellt. Einige derjenigen Aspekte zur Jungensozialisation und der Rolle des Vaters, die von den klassischen Sozialisationstheorien kaum oder gar nicht erfaßt werden, die dennoch als wesentliche Bausteine einer "kritischen" Theorie männlicher Sozialisation gesehen werden können, schließen den zweiten Teil des Buches ab.

Im dritten Teil stehen die "neuen Väter" im Mittelpunkt des Interesses. Die "neuen Väter" repräsentieren eine Form des Vaterseins, die sich erst in den letzten zehn bis fünfzehn Jahren herauskristallisierte.

Sie sind also sozialhistorisch erst heute möglich. Andererseits praktizieren die "neuen Väter" ihre Vaterschaft mit der Hoffnung auf eine "andere" Sozialisation von Jungen (und Mädchen). Der Versuch, die "neuen Väter" zu charakterisieren, ist allerdings mühsam. Denn außer einigen persönlichen Erfahrungsberichten über dieses "Rollenexperiment" ist so gut wie keine Literatur über sie zu finden. Das liegt wohl daran, daß es sich bei den "neuen Vätern" um ein zahlenmäßig verschwindend kleines Phänomen handelt, das überdies von starken Projektionen und der medialen Vermarktung begleitet ist. Es wird deshalb der Versuch unternommen, aus den vorhandenen subjektiven Äußerungen der "neuen Väter" ein Bild zu entwerfen: eine "kleine Phänomenologie" der "neuen Väter"; Motive und Erwartungen, die sich auf die neuen Väterrollen beziehen; Probleme und Schwierigkeiten der "neuen Väter" - wobei in einem Exkurs der Hausmann als ein (fragwürdiges) Modell des "neuen Vaters" besonders gewürdigt wird.

Der Teil 4 schließlich setzt die sozialhistorischen und theoretischen Aussagen perspektivisch um in einem Rückblick und Ausblick, der auch neue und "bezogenere" Formen des Vaterseins aufzeigen will.

Teil 1

Die Vaterrolle im Wandel

1. Vorbemerkungen

Für das Verständnis und die Beurteilung von aktuellen Entwicklungstendenzen ist die Beschäftigung mit der historischen Entwicklung des Bildes vom Vater, aber auch der Familienformen hilfreich. Denn viele der gegenwärtigen Spannungsfelder, in denen sich die Vaterrolle befindet, lassen sich geschichtlich nachverfolgen und haben ihre historischen Wurzeln in Arrangements, deren Ursprünge weit zurückliegen. Deshalb ist der Ansatz des ersten Teils "Die Vaterrolle im Wandel" zunächst sozialhistorisch ausgerichtet und auf die gesellschaftlichen Zusammenhänge bezogen.

Mit der eher soziologischen Herangehensweise wird die Betrachtung des Vaterseins in den Kontext sozialer Institutionen und Strukturbereiche gestellt: Die Vaterrolle existiert ja nicht sozial losgelöst. Sondern sie wird geprägt durch die Form der Familie, die Rolle der Mutter, durch allgemeine gesellschaftliche Strukturen und besonders durch die geltenden Normen und Erwartungen an männliche und weibliche Geschlechtsrollen. Auch Veränderungen der Vaterrolle ereignen sich als ein all diese Faktoren durchdringender und von all diesen Faktoren beeinflußter Prozeß. Aus diesem komplexen und kommunizierenden Charakter des Phänomens resultiert die Schwierigkeit einer adäquaten differenzierten Darstellung. Die Einbeziehung aller Umweltfaktoren ist hier nicht möglich.

Im zweiten Kapitel werden deshalb nur exemplarisch einige historische Stationen in der Entwicklung der Vaterrolle angeführt. Die soziologischen Aspekte begrenzen sich auf eine Auswahl der wichtigsten Einflußfaktoren. Dazu gehört eine kurze Darstellung der männlichen Geschlechtsrolle, da die Vaterrolle als potentielles oder aktualisiertes Rollensegment des Mannes entscheidend durch diese geprägt wird.

Vorab einige Bemerkungen zum Rollenbegriff. Der Begriff der "Rolle" wird hier im Sinne der "sozialen Rolle" verwendet: Als Bündel von Verhaltenserwartungen an eine Person, beziehungsweise an deren Verhalten in bestimmten Situationen und gegenüber bestimmten anderen Personen (vgl. Tillmann 1989, S. 109 - 115). Diese Erwartungen bewirken im Regelfall allerdings keine vollständige Uniformität: Die Vaterrolle als ein Satz verbindlicher Anforderungen wird von verschiedenen Männern unterschiedlich ausgefüllt (vgl. Krappmann 1976).

Die Rede von *der* Vaterrolle oder *dem* Vater ist daher idealisierend. Sie gibt immer nur vorherrschende Tendenzen an. Wir orientieren uns am "durchschnittlichen" Vaterbild, von dem es immer zahlreiche Abweichungen gab und gibt. Eine Problematik im Begriff der Geschlechtsrolle liegt darin, daß der Begriff und die Ausgestaltung - besonders heute auf dem Hintergrund sozialer Individualisierungsprozesse - relativ diffus erscheinen. Geschlechtsrollen liegen "quer" zu anderen Rollen (Latenz); sie ziehen sich durch alle Bereiche der Gesellschaft hindurch, sind nicht an soziale Institutionen gebunden und aktualisieren sich in verschiedenen, sich häufig widersprechenden Teilrollen[3]. Trotz dieser Diffusität läßt sich mit dem Rollenbegriff nach wie vor arbeiten, wenn er einerseits als Erwartungen definiert wird (s.o.). Andererseits muß gesehen werden, daß Rollen situativ stets neu hergestellt werden und somit (potentiell) immer auch wandelbar sind.

Zuletzt möchte ich darauf hinweisen, daß sich die folgenden Ausführungen auf die Gesellschaft der Bundesrepublik Deutschland (alte Länder) beziehen. Mit einzelnen Differenzierungen sind sie in der Tendenz jedoch auch auf andere westliche Industrienationen übertragbar.

---

[3] Zur Diskussion des Geschlechtsrollenbegriffs vgl. Pross 1978, S. 22 ff.; Böhnisch/Winter 1993, S. 99 ff.; Kindler 1993, S. 16 ff.)

2. Historische Stationen in der Entwicklung des Vaterbildes

Im Mittelpunkt der Betrachtung steht der Vater in der "traditionellen Familie". Mit dem Begriff der "traditionellen Familie" möchte ich die Familienform bezeichnen, die in der familiensoziologischen Literatur auch als "bürgerliche Familie" oder "moderne Familie" bezeichnet wird. Dies ist die Zweigenerationenfamilie, in der ein berufstätiger Vater mit seiner Ehefrau zusammenlebt, die als Hausfrau für die Hausarbeit und die Betreuung der gemeinsamen Kinder zuständig ist. Welche Veränderungen ergaben sich nun für die Vaterrolle mit deren Entstehung, welche Ursachen und Auswirkungen hat die Krise dieses Familientyps heute für Väter als "männliche Sozialisationsagenten" in Familie und Gesellschaft? Es ist mir bewußt, daß, historisch betrachtet, die "traditionelle Familie" und die Rolle des Vaters in ihr als gelebte Realität immer nur für einen Teil der Bevölkerung existierte[4]. Für Menschen aller Gesellschaftsschichten wurde jedoch die "traditionelle Familie" und ihre Lebensform zum Leitbild, und dies blieb als solches bis in die Zeit nach dem Zweiten Weltkrieg mehr oder weniger unangetastet wirksam. Mit dem Leitbild der "traditionellen Familie" entwickelte sich auch ein Bild vom Vater, an dem sich heute immer noch ein Großteil der Männer orientiert.

Zunächst soll ein Ausflug in die Geschichte zeigen, welche Veränderungen der Umbruch von der ständisch-feudalen Agrargesellschaft zur Industriegesellschaft für Familie und Vaterrolle erbrachte. Nach

---

[4] Vgl. Herrmann 1989, S. 26 f. Herrmann skizziert hier die Andersartigkeit der bäuerlichen und proletarischen Familie. Rerrich 1988, S. 61 ff., geht der Frage nach, warum die Lebensform der bürgerlichen Familie für proletarische Familien nicht führbar war, dennoch aber zum erstrebenswerten Ziel wurde. Schwägler 1978, S. 149 ff., weist kritisch darauf hin, daß die Vaterrolle der adligen und großbürgerlichen Familien als die historische Vaterrolle angesehen wird, obwohl etwa aus bäuerlichen Familien andere Autoritätsbeziehungen zwischen Mann und Frau, Vater und Kind bekannt sind.

einem Sprung vom 19. Jahrhundert ins Nachkriegsdeutschland soll die "Spur der Väter" bis heute weiter verfolgt werden.

2.1 Familie und Vater in der vorindustriellen Agrargesellschaft

Die vorherrschende Sozialform der vorindustriellen Agrargesellschaft war die des "ganzen Hauses". "Das 'ganze Haus' bezeichnete bis ins 18. Jahrhundert sowohl Gebäude als auch die ihm entsprechende soziale Gruppe, zu der verwandte und nicht verwandte Personen zählten" (Rerrich 1988, S. 31). Als soziale Organisation war das "ganze Haus" eine Lebens- und Wirtschaftsgemeinschaft, in der Familienleben, Haushalt und Wirtschafts- oder Arbeitsbetrieb nicht voneinander getrennt waren. "Die Beziehungen der im "ganzen Haus" miteinander Lebenden waren durch die Art der Arbeitsorganisation bestimmt, die jedem seine bestimmte Aufgabe bei der Produktion der Güter und Nahrungsmittel zuwies" (Herrmann 1989, S. 17). Deshalb nahmen die Kinder gegenüber den Eltern keine besondere Stellung ein, die aus dem Verwandtschaftsverhältnis ableitbar wäre. "Kinder waren in erster Linie wichtig als potentielle Arbeitskräfte" und daneben "als zukünftige Erben von besonderer Bedeutung, um die Kontinuität des Hauses zu garantieren" (Rerrich 1988, S. 32 f.). Erziehung im heutigen Sinne war unbekannt, sie "war im Alltag des "ganzen Hauses" weder Aufgabe des Vaters noch der Mutter; Kinder wuchsen einfach in die bäuerliche Arbeitswelt hinein. Die notdürftige Versorgung der Säuglinge war zwar eine Aufgabe, die vorwiegend von Frauen verrichtet wurde, aber dies mußte nicht die Mutter sein. (...) So wurden die Kinder nebenbei mitversorgt und ansonsten sich selbst überlassen" (ebd., S. 34). Gelernt wurde am Modell, durch Abschauen und Mittun. Das Zusammenleben der Geschlechter bewirkte bei den Kindern und Heranwachsenden die Aneignung von Verhaltensformen und Orientierungsnormen durch die Nachahmung der Vorbilder. Dabei waren die gegenseitigen Erwartungen, Verhalten und Aufgaben von Mann und Frau, Junge und Mädchen, ihre erwünschten und unerwünschten Eigenschaften und Tätigkeitsfelder klar umschrieben. Eine der wichtigsten Orientierungsnormen war die streng patriarchale Organisation des "ganzen Hauses". Der Hausvater stand über allen Angehörigen des "ganzen Hauses", "familien- und sachenrechtlich gesehen war nur er selbständig handlungs- und geschäftsfähig (juristisch war er nicht nur der Vormund seiner Kinder, sondern auch der seiner Frau), er übte das Züchtigungsrecht über alle Hausgenossen aus; nur er hatte politische Rechte in der weltlichen Gemeinde" (Herrmann 1989, S. 17 f.). Im Familienalltag zeigte sich die absolute Autorität des Vaters in zahlreichen Details: "an der Größe der Portion bei jeder Mahlzeit, an der Sitzordnung bei Tisch und in der Kirche, an der Bequemlichkeit des Bettes und an der Stoffqualität der Tracht" (Rerrich 1988, S. 34). Diese innere Herrschaftsstruktur des "ganzen Hauses" entsprach dem Herrschaftsprinzip der Gesellschaft: Das Paternale war zentrales gesellschaftliches Ordnungsprinzip.

2.2 Die Entstehung der bürgerlichen Familie

Mit den großen Wandlungen der politischen, sozialen, wirtschaftlichen und technisch-industriellen Verhältnisse im späten 18. und im 19. Jahrhundert, mit dem Aufkommen von Produktions- und Erwerbsformen, die die Einheit von Familienleben, Haushalt und Arbeitsbetrieb des "ganzen Hauses" auflösten, entstand die Familienform des Bürgertums als Vorläuferin der "traditionellen Familie" des 20. Jahrhunderts.

Mit ihrem Entstehen vollzog sich zugleich ein grundlegender Wandel der Beziehungen zwischen Männern, Frauen und Kindern und eine Neuverteilung der Rollen und Funktionen von Mann und Frau, Vater und Mutter.

Mit der räumlichen Trennung von Erwerbsarbeit und Zusammenleben "konstituierte sich die Familie zunächst als ein Ort der privaten Beziehungen zwischen Blutsverwandten. Das Heim wurde zu einem Ort jenseits der Öffentlichkeit" (ebd., S. 36). Diese Privatisierung zog die Intimisierung und Emotionalisierung der innerfamiliären Beziehungen nach sich, wogegen man sich zur Welt, zum "Draußen" verstärkt abgrenzte. Zwischen privat und öffentlich, Heim und Welt fand eine Polarisierung statt. Dieser Polarisierung entsprach eine neue Form der geschlechtsspezifischen Arbeitsteilung, die bis heute, verfestigt und tradiert als Geschlechtsrollenstereotype, wirksam ist. "Mit der Konstruktion des Gegensatzes von "Welt" und "Heim" ist das Fundament gelegt worden für die gegensätzlich entworfenen Geschlechtscharaktere, die sich in dieser Zeit ausbildeten (...) und in der je spezifische Knaben- und Mädchenerziehung zur Norm wurden" (ebd., S. 39).

Die Frau arbeitete reproduktiv im Haus, der Mann produktiv im Beruf draußen. Die Hausfrau, die nicht mehr wie im "ganzen Haus" eine partnerschaftliche Rolle in der Sphäre der Produktion spielte, wurde jetzt abhängig vom Erwerb ihres Mannes, zumal der bürgerliche Haushalt kaum noch Nahrungsmittel oder alltägliche Gebrauchsgüter selbst produzierte. Ihre Zuständigkeit bezog sich auf das Innerhäusliche, sie "hatte Sorge zu tragen für eine Atmosphäre der liebevollen Zuwendung, der Entspannung und Erholung, aber auch der anregenden Geselligkeit" (Herrmann 1989, S. 20). Eine in diesem Maße neue Aufgabe fiel der Mutter mit der Pflege, Erziehung und Bildung der Kinder zu, denen mit der Entstehung von "Kindheit" und "Jugend" als eigene Lebensphasen und der zunehmenden "Pädagogisierung" im bürgerlichen Jahrhundert immer größere Bedeutung zukamen. Die bewußte Erziehung zur seelischen und geistigen Entfaltung der Kinder wurde "zum zentralen Inhalt des familialen Zusammenlebens sowie zu einer zentralen Beschäftigung der Mutter erhoben" (Rerrich 1988, S. 37).

Der Familienvater des Bürgertums stellte nun allein den Lebensunterhalt seiner Familie durch die Geldeinkünfte seiner Arbeit sicher[5]. Die Funktion des alleinigen Ernährers festigte eine patriarchale Binnenstruktur der Familie mit dem Mann als Familienoberhaupt, der die volle Autorität über Frau und Kinder innehatte. Diese Position fand ihren Niederschlag beispielsweise in den rechtlichen Bestimmungen des Preußischen Allgemeinen Landrechts von 1794. "Der Vater, dem als Wirtschaftsleiter der Produktionsgemeinschaft Familie die Aufgabe der Planung und Arbeitseinteilung zufällt, kann mit Hilfe der Gehorsamspflicht und der Bestimmung der Berufswahl (...) die jüngere Generation in die familiäre Produktionsgemeinschaft eingliedern" (Limbach 1988, S. 300). Der Vater bestimmte die berufliche Ausbildung seiner Söhne und kümmerte sich um die Verheiratung der Töchter, das heißt, als Repräsentant der außerfamiliären Gesellschaft bereitete er den Übergang seiner Kinder, vor allem seiner Söhne, in diese vor.

Sein Kontakt mit den Kindern blieb punktuell, da er "draußen" seiner Arbeit nachging, zudem trat der Vater erst ab einer bestimmten Altersgrenze überhaupt in das Leben seiner Kinder ein: "Sie begannen sich erst dann mit ihren Söhnen und Töchtern näher zu beschäftigen, wenn diese zu Objekten eigentlich pädagogischer Bemühungen herangewachsen waren" (Schröter 1985, S. 216). Väterliche Autorität auf der einen und mütterliche Liebe auf der anderen Seite charakterisierten also das Familienklima.

---

[5] Dies galt nicht für den Vater der proletarischen Familie. In ihr waren Mütter und Kinder gezwungen, einer Erwerbstätigkeit nachzugehen, um das Existenzminimum zu sichern.

Die hier beschriebenen Rollen und Funktionen von Vätern und Müttern, basierend auf der Arbeitsteiligkeit von Erwerbsleben und Haushalt, wurden ab dem Ende des 18. Jahrhunderts durch universalistisch formulierte Aussagen zu den Geschlechtscharakteren von Mann und Frau gestützt und untermauert. Philosophen wie Fichte, Kant und Schopenhauer, Dichter wie Schiller, die sogenannte Hausväterliteratur mit ihrem explizit pädagogischen Anspruch, später dann auch zunehmend Psychologen wie Moebius und Weininger verbreiteten diese Charakterdefinitionen und versuchten, sie mit wissenschaftlichem Anspruch zu unterlegen. Kernpunkt der Aussagen ist eine Geschlechteranthropologie, die eine psychische Polarität der Geschlechter konstruiert und als Wesen von Mann und Frau behauptet. Beide werden dabei durch eine Reihe psychischer Charaktereigenschaften beschrieben: Der Mann ist bestimmt für das Außen, die Aktivität, die Vernunft, die Stärke; die Frau für das Innen, die Passivität, das Sein, die Gefühle, die Schwäche[6].

Die unterschiedlichen Bestimmungen von Mann und Frau flossen besonders in der bürgerlichen Familie, deren Zukunft, sozioökonomischer Status und kultureller Rang ja auch von der Bildung der Kinder abhing, verstärkt in die Erziehung und Sozialisation von Töchtern und Söhnen ein. "Die Mädchen müssen zu Frauen gebildet werden, die sowohl einem Haushalt vorstehen (...) können, als auch den emotionalen und intellektuellen Bedürfnissen ihrer späteren Ehemänner gerecht werden. (...) Die heranwachsenden Söhne müssen auf lange Bildungs- und Ausbildungswege vorbereitet werden, das heißt, eingestimmt werden auf Leistungsbereitschaft bei gleichzeitigem Aufschub von Bedürfniserfüllung" (Herrmann 1989, S. 40). So "trennten sich nach der Kleinkindzeit die Wege von Jungen und Mädchen. Damit wurde die reale Grundlage dafür geschaffen, daß sich das

---

[6] Diese Geschlechtscharaktere sind bis heute als Geschlechtsrollenstereotype oder auch als Alltagspsychologie von Mann und Frau bekannt und wirksam. Eine ausführliche Zusammenstellung dieser Typisierung bietet Karin Hausen 1976.

"Wesensgemäße" der jeweiligen Geschlechter auch tatsächlich ausbilden ließ: Die behüteten Mädchen und die schon in jungen Jahren selbständigen Jungen entwickelten sich aufgrund ihrer völlig verschiedenen Sozialisationserfahrungen und Lebensläufe entsprechend immer stärker voneinander weg" (Rerrich 1988, S. 40).

Das patriarchale Konstrukt der bürgerlichen Familie als Schwächung des Vaters

Mit der paradox erscheinenden These, daß das patriarchale Konstrukt der bürgerlichen Familie eine Schwächung des Vaters darstellt, möchte ich einige Aspekte der oben skizzierten Entwicklungen aus einer Perspektive beschreiben, die auch die, meist verdeckte und weniger beachtete, Kehrseite der machtvollen Position des Vaters in der bürgerlichen Familie beleuchtet.

Auf den ersten Blick war das neue Arrangement für den Mann attraktiv und bedeutete ein Stärkung patriarchaler Strukturen: Seine Position im Familienverband war dadurch gefestigt, daß "die persönliche Abhängigkeit von Frau und Kindern durch ihre einseitige Angewiesenheit auf den väterlichen Erwerb festgeschrieben ist" (ebd., S. 73). Allein von seiner beruflichen und gesellschaftlichen Position hingen Lebensstandard und soziale Stellung aller Familienmitglieder ab. Hierin gründete nun seine Autorität über Frau und Kinder, aufgrund der ihm Entscheidungs- und Bestimmungsrecht über Tun und Sein, Leben und Zukunft, Berufswahl und Heirat seiner Kinder zufiel. Die juristische Bestätigung seiner Position ging sogar soweit, daß selbst "die Frage, wie lange Mütter ihre Säuglinge stillen sollten, (...) nach geltendem Recht eine Angelegenheit (war), die der Vater zu entscheiden hatte" (ebd., S. 71). Seine nun allein für Haushalt und

Erziehung verantwortliche Frau ermöglichte dem Vater einerseits, sich mit ganzer Kraft seiner Arbeit und Karriere hinzuwenden, andererseits die Kinder in den Händen der Mutter gut versorgt zu wissen und selbst am Abend ins "traute Heim" zurückkehren zu können, um sich vom Leben "draußen" zu erholen.

Die Position des Mannes erschien äußerlich sehr gefestigt. Sie war gesetzlich und normativ abgestützt. Dennoch muß davon ausgegangen werden, daß der väterliche Einfluß im familialen Alltag mit dem Übergang zur traditionellen Familienform abnahm. Durch die Auslagerung des Arbeitsplatzes wurde der Vater im Leben seiner Kinder relativ unsichtbar. Kindererziehung, Pflege, Sorgfalt und Liebe als zentrale Bestandteile der weiblichen Geschlechtsrolle fielen der Mutter zu.

Erst in der späteren Kindheit hatte der Vater seinen Teil der Erziehung zu leisten: Führung und Strenge, vor allem gegenüber den Söhnen, um sie auf Beruf und Welt vorzubereiten. Für diese Söhne "verschwand" der Vater und das, was er den ganzen Tag über tat, aus dem Blickfeld: Sein Arbeitsbild wurde unbekannt, der Vater als Arbeitgeber, als der, der in die Arbeit einführte, als Lehrmeister, als Erzieher zu Recht, Ordnung und moralischen Werten gab diese Aufgaben immer mehr an andere Erziehungsinstanzen, Hauslehrer, Schulen, Kadettenanstalten ab.

Mit der Polarisierung von Erwerbs- und Hausarbeit, mit der Polarisierung der Geschlechtscharaktere wurden nicht nur Frauen verdrängt, sondern auch Männern wurden Zuständigkeiten, Kompetenzen und Handlungsspielräume abgesprochen, vor allem für die Aufgaben im familiären Binnenraum, in dem sie auf einige zwar lebenswichtige, aber sehr anfällige Funktionen beschränkt wurden. Diese Anfälligkeit der Stellung des Vaters im patriarchalen Konstrukt der bürgerlichen Familie wird deutlich, wenn aus heutiger Perspektive die Rahmenbedingungen hinterfragt werden, die als Stützen seiner Position galten:

"Was geschieht, wenn Autorität als gesellschaftlicher Wert in Mißkredit gerät? Was geschieht, wenn versucht wird, mit dem Ideal der Demokratie ernstzumachen, und die juristischen Regelungen in der Familie entsprechend gestaltet werden? Was wird aus der männlichen Familienrolle, wenn die Industriegesellschaft zunehmend auf die Arbeitskraft der Lohnarbeiterin angewiesen ist und wenn die Frauenlohnarbeit immer qualifizierter wird? Was bleibt von der männlichen, der väterlichen Vormachtstellung in der Familie noch übrig, wenn die wenigen Aufgaben, die der traditionelle Vater noch in der Familie behielt, im Prinzip auch genauso von der Mutter erledigt werden können, ja wenn biologische Vaterschaft sogar über Medizin und Markt geregelt werden können?" (ebd., S. 73).

Der "Sturz der Götter"[7], die Schwächung der Position des Vaters in der Familie, deren strukturelle Wurzeln in der bürgerlichen Industriegesellschaft angelegt sind, vollzog sich in Deutschland in größerem Maße erst in der jüngeren Vergangenheit.

2.3 Schritte zur "vaterlosen Gesellschaft" in der zweiten Hälfte des 20. Jahrhunderts

Viele der Entwicklungen, die im folgenden beschrieben werden, lassen sich auch auf andere westliche Industrienationen übertragen. Allerdings ist die Situation in Deutschland am Ende des Zweiten Weltkrieges eine besondere:

[7] So lautet der Titel eines Buches zu Väterbildern im 20. Jahrhundert (Faulstich/Grimm 1989)

> "Die Zeit unmittelbar davor, die Zeit von 1933 bis 1945, stellt sich rückblickend dar als ein letztes Aufbäumen des Patriarchats. Wurde seine Stellung in den zwanziger Jahren von Schriftstellern wie Tucholsky, Erich Kästner und Brecht in Frage gestellt, so setzte sich das Patriarchat im Führerprinzip des Nationalsozialismus, einer Form des "Vaterprinzips", noch einmal kraftvoll durch. Die nationalsozialistische Herrschaft war eine reine Männerherrschaft, und die Rollenzuweisung für den Vater als Verantwortlichen, den Herrschenden und Krieger, und für die Mutter als die Gebärerin und Hüterin von Heim und Herd waren so eindeutig wie noch selten zuvor" (Lempp 1989, S. 178).

Dennoch setzte sich die Schwächung des Vaters in der Familie fort. Seine Erziehungsfunktion wurde mehr und mehr vom NS-Staat und seinen Organisationen übernommen. Mit Kriegsbeginn wurden immer mehr Väter ihren Familien entzogen. Auch der seltene Fronturlaub vermochte es oft nicht, die Entfremdung zwischen Vater und Familie zu überbrücken:

> "Nach diesem Besuch sah ich meinen Vater eineinhalb Jahre nur selten, und jedesmal brach er, verletzt und verletzend, in ein Leben ein, das ihn kaum mehr brauchte. Das, was ich für ewig gehalten hatte, was so selbstverständlich wie die Natur erschienen war, die Familie löste sich auf" (Härtling 1982, S. 107).

Die Abwesenheit der Männer im Krieg erforderte, daß Frauen nun in zuvor als männlich definierten Bereichen "ihren Mann" stehen mußten. Ihnen fiel die alleinige Verantwortung fürs Durchkommen, fürs alltägliche Überleben, für die materielle Sicherung ihrer Restfamilie zu. Die einzelne Mutter entwickelte Härte und Durchsetzungsvermögen und brauchte gleichzeitig alle Sensibilität und Warmherzigkeit, um die Kinder in dieser Zeit erziehen und schützen zu können. Auch nach dem "Zusammenbruch" waren es zunächst die Frauen, die die tragende Rolle in der Anfangsphase des Wiederaufbaus innehatten (Trümmerfrauen).

Trotz dieser eher "weiblichen" Grundorientierung im Kriegsalltag und einige Jahre danach, konnte von einem tiefgreifenden Wertewandel nicht die Rede sein. "Nie stehen nämlich sogenannte männliche Eigenschaften wie Tapferkeit, Tollkühnheit, Aggressivität und Härte an der Spitze der Werthierarchie als zu Zeiten des strukturellen Zusammenbruchs" (Ryffel-Gericke 1983, S. 23). Auch nach 1945 fand man, trotz vieler Veränderungen, schnell wieder zu hierarchisch-patriarchalen Werten im öffentlichen Leben zurück. Dennoch wurde mit der Zerschlagung des patriarchalen militärischen Denk- und Bewußtseinsystems und der Erfahrung der Alltagsmacht der Frauen eine wichtige Entscheidung getroffen für die zukünftige Entwicklung des Verhältnisses der Geschlechter, auch wenn sich sichtbare Veränderungen erst ein bis zwei Generationen später zeigten.

Besonders rasch und besonders extrem vollzogen sich Veränderungen für die Männer in ihrer Rolle als Familienväter. Die aus Krieg und Gefangenschaft zurückkehrenden Väter kamen als "Geschlagene" zurück. Sie waren keine Helden mehr, sondern innerlich zerbrochene Menschen: "Der einst stolze Landbesitzer, Geschäftsmann oder Offizier war vorzeitig gealtert und verarmt und blieb sich selbst und seiner Familie eine bittere Enttäuschung"(Stierlin 1984, S. 41.)[8]. Sie kehrten zurück in die starke und verschmolzene Gemeinschaft der Frauen und ihrer Kinder, die ihnen fremd geworden waren und denen sie als Fremde erschienen:

---

[8] Stierlin berichtet aus familientherapeutischer Sicht über die Schwierigkeiten und die Unfähigkeit von Vätern, über ihre NS-Vergangenheit mit ihren Frauen und Kindern in einen Dialog zu treten.

> "Eines Tages - es war vier oder fünf Jahre nach Kriegsende, und ich war zehn Jahre alt - stand ein abgerissener, unrasierter Mann vor unserer Tür. Mir wurde ungemütlich, ich bekam Angst und rief nach meiner Mutter. Sie kam und sagte mir: Dies ist dein Vater" (Zitat aus einem Erfahrungsbericht bei Stierlin 1984, S. 41).

Für viele Töchter und Söhne veränderte sich die Distanz zu ihren Vätern nicht mehr. Diese entzogen sich ihren Fragen, versuchten das Vergangene zu vergessen und zu verdrängen. Der Wiederaufbau des in Trümmer liegenden Deutschlands bot den "gestürzten Vätern" die willkommene Chance, durch Arbeit, Leistung und Sozialprestige ihre verlorene Position in Gesellschaft und Familie wieder zurückzuerobern. Aufarbeitung und Bewältigung der NS-Zeit blieben dabei auf der Strecke. Nun traten sie "ihren Kindern mit dem neuen Auto, der Ehefrau mit Kühlschrank und Waschmaschine entgegen, mit Reisen an die Mittelmeerküste und mit dem Bungalow am Stadtrand, nicht aber mehr als anzufassende Menschen aus Fleisch und Blut zuhause, die sich der Auseinandersetzung mit ihren Kindern stellen und ihre Autorität nicht nur auf formale Gesetze gründen, sondern auf zwischenmenschliche Beziehungen in Liebe - und gelegentlich auch in Haß" (Lempp 1989, S. 179 f.).

Nach außen hin rappelten sich die Väter also wieder hoch und mit ihnen das "neue" Deutschland, in dem diesmal unter demokratischen Vorzeichen die alten patriarchalen Normen, aber auch die alte Generation, die den Faschismus durchgesetzt und getragen hatte, ihre Wiedergeburt feierten. Diesen entfremdeten und schweigenden Vätern und diesem "Vaterland" begegnete die Nachkriegsgeneration mit Desinteresse und Mißtrauen. Die "skeptische Generation", wie Helmut Schelsky (1963) sie beschrieb, war nach außen hin zwar eher angepaßt, innerlich stand sie aber den gesellschaftlichen Institutionen, den kulturellen Werten und Normen mit Skepsis gegenüber. Allerdings gab es gesellschaftspolitisch "kaum Auseinandersetzungen, das Mißtrauen gegen die ältere Generation schien sich in den 50er Jahren in der politisch indifferenten Verbraucherhaltung der Wirtschaftswunderjugend aufgelöst zu haben" (Böhnisch/Blanc 1989, S. 69). Dennoch war die Autorität der Väter brüchig geworden, der Weg zur "vaterlosen Gesellschaft" schon längst eingeschlagen[9]. In seinem aufsehenerregenden Buch beschrieb der Psychoanalytiker Mitscherlich vor allem eine Entwicklung, in der der Vater und seine Tätigkeiten spurlos geworden sind: "Es ist (...) an ein Erlöschen des Vaterbildes zu denken, das im Wesen unserer Zivilisation selbst begründet ist und das die unterweisende Funktion des Vaters betrifft: das Arbeitsbild des Vaters verschwindet, wird unbekannt" (Mitscherlich 1963, S. 180). Mit ihm verschwindet auch der emotionale Kontakt zum Vater. Ohne sein konkretes Vorbild ist die Anlage des Gewissens (Über-Ichs) bei den Heranwachsenden gefährdet. Das "Defizit der Anschaulichkeit" führt zu einem "Defizit an Sozialbildung" (vgl. ebd., S. 179 - 183). Infolge dessen können "viele Anforderungen, die an den einzelnen gestellt sind, nicht nach dem Muster der Vorbildverinnerlichung und unveränderten Vorbildwiederholung bewältigt werden" (ebd., S. 185). Allgemeiner formuliert: "Dieser Mangel bleibt nicht ohne Rückwirkung auf die gesamte Formung und Prägung der jeweiligen Generation der Söhne durch ihre Väter" (ebd., S. 183). Aber, so betont Mitscherlich, er bleibt auch nicht ohne Rückwirkung auf die Väter selbst: "Gleichzeitig mit diesem von geschichtlichen Prozessen erzwungenen Verlust der Anschauung schlägt die Wertung um. Der hymnischen Verherrlichung des Vaters - und des Vaterlandes! - folgt in der Breite ein "sozialisierter Vaterhaß", die "Verwerfung des Vaters", die Entfrem-

---

9 Vgl. Alexander Mitscherlich: Auf dem Weg zur vaterlosen Gesellschaft (München 1963).

dung und deren seelische Entsprechungen: "Angst" und "Aggressivität". (ebd., S. 180).

Dieser Umschlag ereignete sich in den 50er und 60er Jahren zunächst noch im familialen Alltag, in dem die Vaterautorität zur brüchigen und hohlen Autorität des abwesenden Vaters geworden war. Von dem Amerikaner Stephen Koch stammt eine sehr eindringliche Beschreibung des Verhältnisses der Söhne zu ihren Vätern in den 60er Jahren:

> "Wer von diesen hitzigen Söhnen fühlte sich wirklich noch mit seinem Vater verbunden? Wer von ihnen wußte auch nur, was der Vater in jener Stadt tat, die für sie unsichtbar war? Wer bewunderte es? Vaterschaft bedeutete Ausstellen von Schecks. Sie bedeutet, nicht da zu sein oder unerwünscht zu sein, wenn man doch da war. Sie bedeutet entweder Anschreien oder jenes endgültige verdammende Schweigen, das sich tief in das Bewußtsein jedes vitalen amerikanischen Jungen eingebrannt hat: Daddy stumm hinter der Zeitung, Daddy, der bei einer Diskussion den kürzeren zieht. Daddy, der alleine dasteht und den Rasen sprengt, hölzern und einsam wie ein Telegrafenmast, während im Haus das wahre Leben stattfindet, bei dem er nicht zählt" (zitiert in: Green 1977, S. 19).

"In den Familien gab es (...) massiven Streit: um den Lärm der "Negermusik", das Unordentliche der Nietenhosen, die frühe Pärchenbildung" (Böhnisch/Blanc 1989, S. 68). Daneben revoltierten kleine Gruppen von "Halbstarken" gegen den "verlogenen Biedersinn der Elterngeneration" und gegen die Restauration der alten Wertorientierungen, die sich im "neuen System von Sittsamkeit, Anstand und Ordnung" niederschlugen (vgl. ebd., S. 43 und 69).

Hatte sich so der Protest gegen die Väter der Auschwitzgeneration, gegen ihre "alten Werte" und ihren "neuen Staat" bisher eher in privaten und nichtpolitischen Bahnen bewegt, so entstand mit der außerparlamentarischen Opposition der 68er Jahre eine breite, fundamentale, sich politisch verstehende und handelnde Bewegung von Jugendlichen und jungen Erwachsenen, deren antiautoritäre Stoßrichtung sich im "Kontext der spezifisch deutschen Gehorsamstradition" entfaltete[10]. Diese antiautoritäre Revolte bedeutete für eine ganze Generation die Abkehr von den Wertmustern ihrer Elterngeneration: von ihrer Arbeitsmoral, ihrer Erziehung, ihrer Autoritätshörigkeit, ihrer Sexualmoral, ihrer Konsumorientierung, aber auch von der nachfaschistischen, kapitalistischen Politik der BRD und des Westens.

"Von nun an war ein klarer Trennungsstrich zwischen der Nachkriegsgeneration und ihren Eltern gezogen" (Böhnisch/Blanc 1989, S. 43). Die Herrschaft der Väter, die sich nach ihrem Sturz wieder zu konstituieren begonnen hatte, war nun auch im öffentlich-politischen Bereich nicht länger selbstverständlich geltend . Am "Stuhl des Patriarchen" war von der jungen Generation weitergesägt worden.

An dieser Stelle möchte ich den historischen Rückblick auf die Entwicklung der Vaterrolle beenden. Die schon skizzierten Trends, als auch die der folgenden Jahre werden nun in eine eher systematische Darstellung eingebettet, nämlich die der "Funktionen des Vaters". Es soll gezeigt werden, daß diese Funktionen im Zuge des sozialen und gesellschaftlichen Wandels fragwürdig geworden sind und somit die Identität des Vaters nicht mehr selbstverständlich bestimmen können.

---

[10] Vgl. Böhnisch/Blanc 1989, S. 42. Herrmann weist darauf hin, daß sich die '68er-Bewegung in einem Kontinuum von Generationenkonflikten bewegt, die sich seit der Mitte des 18. Jahrhunderts entluden: im Sturm und Drang, im Jungen Deutschland, in der Jugendbewegung, in den Vatermorddramen des Expressionismus und den Jugendkrawallen der 50er Jahre (vgl. Herrmann 1989, S. 42).

3. Funktionen und Funktionsverlust des Vaters

Wenn heute von einem Funktionsverlust des Vaters in Gesellschaft und Familie die Rede ist, dann dient als Vergleichsmaßstab das aufgezeichnete Leitbild des Vaters in der traditionellen Familie. Am Modell der traditionellen Familie wurde Ende der 60er, Anfang der 70er Jahre "vor allem ihre Traditionalität, ihre Abgeschottetheit, ihre oft psychopathogene Kommunikationsstruktur kritisiert. Es war die Rede vom 'Patient Familie' (...) oder vom 'Problem Familie' (...) Heute wird das 'Problem Familie' dagegen ganz anders diskutiert. Nicht so sehr die Binnenstruktur von Familie steht im Zentrum der öffentlichen Auseinandersetzung, sondern die 'Krise der Familie' als Institution"[11] (Rerrich 1988, S. 11). Wenn man die bisher aufgezeigten Veränderungen der Vaterrolle betrachtet und wenn man die Komplementierung der Veränderungen in Gesellschaft, Familie und Vaterrolle auch für die 70er und 80er Jahre annimmt, dann liegt es nahe, analog dazu einen "Patienten Vater", ein "Problem Vater" oder eine "Krise des Vaters" zu vermuten. Die Antwort auf die Frage, was aus den traditionellen Funktionen des Vaters geworden ist, bestätigt diese Vermutung.

Hannelore von Canitz benennt vier klassische Funktionen des Vaters, denen im folgenden nachgegangen werden soll: der Vater als Erzeuger, als Ernährer, als Beschützer und als Erzieher. Als im 20. Jahrhundert neu hinzugekommene Funktion sieht sie die Freizeitrolle des Vaters (vgl. von Canitz 1980, S. 30). Darüber hinaus betrachten Scharmann/Scharmann den Vater in seiner Funktion als geschlechtsspezifisches Identifikationsobjekt für unersetzbar (vgl. Scharmann/Scharmann 1975, S. 186). Dieser Funktion wird erst im zweiten Teil der Arbeit nachgegangen, sie soll deshalb hier unbeachtet bleiben.

---

[11] Rerrich dokumentiert diese Krise mit den sinkenden Eheschließungsziffern, den steigenden Scheidungsziffern, der Zunahme nichtehelicher Lebensgemeinschaften, von Wohngemeinschaften und Alleinerziehenden in den letzten zwanzig bis dreißig Jahren.

3.1 Der Vater als Erzeuger

Die Bedeutung des Vaters als Erzeuger nahm im Verlauf der letzten zwei Jahrhunderte immer mehr ab. Dafür sind mehrere Gründe verantwortlich.

Zahlreiche Nachkommenschaft galt im vorindustriellen Zeitalter als Garant der ökonomischen Absicherung und als "Altersversicherung" der Eltern. Heute haben Kinder ihren ökonomischen Nutzen verloren. Sie sind eher (auch auf dem Hintergrund enorm verlängerter Ausbildungszeiten) zu einem Kostenfaktor geworden. Zudem wurde die Altersversorgung aus dem Familienverband in staatliche Institutionen ausgelagert (vgl. Fend 1988, S. 105). Empfängnisverhütende Mittel erlauben heute die Planung der Familie und ermöglichen Frauen eine eigenbestimmtere Sexualität und Lebensgestaltung. Die abnehmende Bedeutung der Familie, die sinkende Kinderzahl, zunehmende Lebensgemeinschaften ohne Kinder oder das Single-Dasein demonstrieren deutlich den Bedeutungsverlust der Erzeugerfunktion des Vaters. Medizinische "Fortschritte", wie Samenbanken oder künstliche Befruchtung, lassen *den "biologischen Vater"* beinahe überflüssig erscheinen.

3.2 Der Vater als Ernährer

"Irgendwo in der Dämmerung der menschlichen Geschichte wurde eine soziale Erfindung gemacht, bei der die Männer anfingen, ihre Frauen und Kinder zu ernähren" (Mead 1985, S. 180). In diesen *Aufgaben,* das heißt nicht in biologischen Ursachen, sieht Margaret Mead die menschliche Vaterschaft begründet. Sie zeigt aber auch auf, daß die Ernährerfunktion des Mannes als "soziale Erfindung" sozialem Wandel unterworfen sein kann (vgl. ebd. S. 180 - 186).

Wie gezeigt, erfuhr die Ernährerfunktion des Vaters mit der Trennung von Erwerbsarbeit und Familie eine enorme Aufwertung. Auf ihr basierte seine Macht und Autorität in der "traditionellen Familie", die Abhängigkeit der Familienmitglieder von dem, was der Vater erwirtschaftete. Festgeschrieben durch Geschlechtsrollenstereotype besteht zum Teil noch bis heute die Erwartung an den Vater, seine Familie zu ernähren. So stellte Helge Pross in ihrer Untersuchung über das Selbstbild von Männern fest: "Gemäß der Erwartungen, die die Männer an sich und an andere als Väter richten, ist es seine erste Pflicht, die Familie wirtschaftlich zu sichern" (Pross 1978, S. 129). Kurz zuvor konstatieren Scharmann und Scharmann noch: "Damit können wir feststellen, daß das traditionelle Rollenbild des Vaters als Ernährer seiner Familie für die Gegenwart noch gültig ist (...) und für das Rollenbild der jüngeren heranwachsenden Kinder vorerst wirksam bleibt" (Scharmann/Scharmann 1975, S. 285). Verankert war dieses Rollenbild außerdem im Familienrecht der Bundesrepublik bis zu seiner Reform im Jahre 1977: "Es gehört zu den Funktionen des Mannes, daß er grundsätzlich der Erhalter und Ernährer der Familie ist" (Auszug aus dem Familienrecht, zitiert nach Beck-Gernsheim 1980, S. 64).

Entgegen dieser scheinbar unangefochtenen Position des Vaters hat sich im Alltag die familiale Überhöhung des Mannes in seiner Rolle als Ernährer relativiert. In der Unterschicht waren Frauen als Mitverdienerinnen schon immer notwendig, und bereits in den Kriegs- und Nachkriegsjahren hatten Frauen bewiesen, daß sie auch alleine die Versorgung ihrer Kinder sicherstellen können. Die Bildungsexpansion der 60er Jahre ermöglichte Frauen zunehmend bessere Berufsqualifikationen und Berufseinstiegschancen und damit, auch ohne Männer den eigenen Lebensunterhalt zu sichern. Heute sind die meisten Frauen vor der Ehe berufstätig, und auch der Anteil der erwerbstätigen Frauen und Mütter stieg allein von 1950 bis 1979 von 35% auf 61% (Vgl.

Rerrich 1988, S. 113.)[12]. Die Motive für die zunehmende Erwerbstätigkeit von Frauen sind vielfältig: Die Unzufriedenheit der Frauen mit ihrer alten Rolle, der Wunsch, finanziell von ihren Männern unabhängig zu sein, der Wille, nicht mehr selbstverständlich zugunsten von Haushalt und Kindern auf die Ausübung des erlernten Berufs zu verzichten, die Hoffnung und Möglichkeit, im Berufsleben mehr Selbstbestätigung finden zu können als im Haushaltsalltag, aber auch die Notwendigkeit mitverdienen zu müssen, um den erhöhten Lebensstandard und die Konsumgewohnheiten der Familie befriedigen zu können[13]. Unterstützt wurde diese Entwicklung durch den Ausbau von Kinderbetreuungsmöglichkeiten außerhalb der Familie, so daß auch Mütter wieder berufstätig sein können.

Die Alleinverdienerrolle des Vaters ist also "gekippt". Nur noch in einem Drittel der Familien erfüllt er diese Funktion (vgl. von Canitz 1980, S. 34). Damit ist der Vater als Befehlshaber der Familie entthront, die frühere Abhängigkeit von seinen Einkünften, seinem Status, aber auch von seinem Willen ist durchbrochen, zumal heute soziale Sicherungsmaßnahmen des Staates den Verlust oder das Fehlen eines Vaters (zumindest materiell) ersetzen (Beispiel: Mutter-Kind--Modell für Alleinerziehende).

---

[12] Folgende Zahlen ermittelte der Mikrozensus 1985: Die Erwerbsbeteiligung der Frauen betrug 1985 bei den ledigen Frauen 34,6% (1970: 27,1%), bei den verheirateten Frauen 42,5% (1970: 35,4%), bei Frauen mit Kindern 41,6%, insgesamt 35,9% (1970: 30,0%). Quelle: Statistisches Bundesamt 1987.

[13] Zumindest in einer Anmerkung muß erwähnt werden, daß andererseits die Arbeitslosenquote von Frauen 1985 drei Prozentpunkte über der der Männer stand und daß Frauenarbeit oft noch schlechter bezahlt wird als entsprechende Männerarbeit.

3.3 Der Vater als Beschützer

Die Beschützerrolle des Vaters gegenüber seinen Kindern und seiner Frau rührte ursprünglich von seinen stärkeren körperlichen Kräften her, später von seinen größeren Erfahrungen und besseren Kenntnissen, die das Ergebnis einer meist längeren und intensiveren Bildung und einer größeren Weltläufigkeit waren. "Diese tradierte, noch immer lebendige Vorstellung von der verpflichtenden Rolle des Vaters als Beschützer der Familie, die für das junge Kind noch konkret mit "alles können und überall Rat und Hilfe wissen" übersetzt wird, ist aber in der Realität und ihrem historischen Sinn nach nicht mehr zu halten" (Scharmann/Scharmann 1975, S. 288).

Gesetze, staatliche, kirchliche und private Institutionen sind an die Stelle des persönlichen Kampfs des Vaters um Haus und Familie getreten und bieten allen Familienangehörigen Schutz und öffentliche Hilfe. Die Komplexität unserer Gesellschaft und Welt macht es dem Vater unmöglich, alles zu wissen. Kinder lernen in Kindergarten und Schule, aber auch in und mit den Medien schon Dinge, die dem Vater unbekannt sind. Mit der Geschwindigkeit sozialer, kultureller und technischer Fortschritte kommen Kinder oft besser zurecht als ihre Väter. Nach der Aufspaltung der traditionellen Geschlechtsrollen sind Väter nicht mehr die einzigen Vermittler zwischen Welt und Familie.

Angesichts dieser Situation sehen Scharmann und Scharmann heute in der Beschützerrolle nur noch einen Sinn, wenn diese den Charakter einer sozialen Plazierungsform erhält: die soziale, in erster Linie berufliche Stellung des Vaters sei Ausgangspunkt für die soziale Karriere des Kindes; ein Teil der modernen Beschützerrolle des Vaters bestehe darin, für das Kind eine gute formale Ausbildung zu garantieren, die ihm seine spätere soziale Position sichere (vgl. Scharmann und Scharmann 1975, S. 289 - 292).

Grundsätzlich in Frage gestellt wird die Beschützerfunktion des Vaters durch die zahlreichen Erfahrungen von Kindern und Frauen mit dem Mißbrauch der väterlichen Macht und Stärke. Angst vor dem Vater, psychische und körperliche Gewalt, sexueller Mißbrauch sind durchaus keine Seltenheit und erzählen von der anderen Seite der dem Vater gesellschaftlich zuerkannten, beziehungsweise individuell angemaßten Ausübung der "Beschützerrolle".

Exkurs: Väter als Täter?

Erst in den letzten zehn Jahren wurde sexuelle Gewalt gegen Kinder zum Thema, das aus einer von zahlreichen Tabus und Ideologien geschützten Dunkelzone auftauchte. Wenn auch der Titel eines der ersten populären Bücher über sexuelle Gewalt gegen Mädchen anderes suggeriert (vgl. Kavemann/Lohstöter 1984), spielen (leibliche) Väter nicht die zentrale Rolle, wenn es um sexuellen Mißbrauch von Kindern geht. Dennoch ist es erschreckend, in welch hohem Ausmaß auch Väter ihre Kinder sexuell mißhandeln. Es ist notwendig, in einem Buch über Väter auch auf diesen Sachverhalt einzugehen. In einem kurzen Exkurs soll deshalb die Aufmerksamkeit auf das Thema "Väter und sexuelle Gewalt gegen Kinder" gerichtet werden.

Schätzungsweise 300.000[14] Kinder werden jährlich in der Bundesrepublik Opfer sexueller Gewalt. Die Täter sind überwiegend Männer. Nach einer vom Bundeskriminalamt veröffentlichten Studie angezeigter Sexualstraftaten (dazu werden auch Vergewaltigung und sexuelle Nötigung gezählt) kommen etwa ein Viertel der Täter aus dem direkten familiären Umfeld: Väter, Stiefväter, Brüder oder andere im selben Haushalt lebende Männer. Nur 6,2% der Täter sind den Opfern

---

[14] Die angegebenen Zahlen stammen, wenn nicht anders angegeben, aus: Kavemann/Lohstöter 1984.

völlig fremd. Sexuelle Gewalt gegen Mädchen und Jungen findet also häufig im ideologisch hochgehaltenen Rahmen der "heilen Familie" ihren Ausdruck - in dem Rahmen, der Kindern Geborgenheit und Sicherheit vermitteln soll.

"Vergewaltigende Väter, Stiefväter, Großväter sind keine Psychopathen oder Monster, sie sind auch nicht krank. Sie entstammen jeder Schicht, sind ebenso häufig arbeitslos wie andere Männer auch (...) Sie sind meistens in den besten Jahren, manchmal sehr jung oder schon alt. Sie sind genauso oft verheiratet, geschieden oder ledig wie der Durchschnitt, sie sind ganz normale Männer" (Kavemann/Lohstöter 1984, S. 97). Werden die Väter zu Tätern, dann sind für Mädchen und Jungen die psychischen Verletzungen besonders groß. Es wird für sie sehr schwierig, sich dem Zugriff zu entziehen und Hilfe in ihrer Umgebung zu finden (zumal die Mütter die sexuelle Gewalt häufig ignorieren oder gar decken). Die Glaubwürdigkeit der Opfer wird eher infrage gestellt als die der Täter, sind doch die Väter meist "ganz normale" - oder besser gesagt: unauffällige - Männer.

Allerdings gibt es genauer betrachtet doch die Möglichkeit, die mißbrauchenden Väter zu charakterisieren: "Es sind eher die famillienfernen Väter, von denen kleinen Mädchen Gefahr droht: diejenigen, die Frau und Kinder als ihren persönlichen, nach Lust und Laune verfügbaren Besitzt betrachten; denen Kinder lästig und Frauen zweitrangig oder verachtenswert sind. Die sich in das Familiengeschehen nicht anders einbringen, als durch die Ausübung von Macht - die dann eben auch die Form sexueller übergriffe annehmen kann" (Brigitte-Buch '83, S. 20 f.). Tatsächlich äußerten mißhandelnde Väter in Therapiegruppen ihre Besitzansprüche ganz offen - auf alle Mitglieder ihrer Familie und vor allem auf alle Frauen: "Ich habe dich gemacht, du gehörst mir"; "Sie ist meine Tochter, und das gibt mir das Recht, mit ihr zu machen, was ich will"; "Meine Familie ist meine Sache" (Kavemann/Lohstöter, S. 100).

Männliches Hegemonialverhalten und männliche Dominanzstrategien treten hier in aller Deutlichkeit zutage. Gekoppelt ist solches Verhalten mit einer extremen Desensibilität für Bedürfnisse und Gefühle anderer, der beinahe untrennbaren Verbindung von Sexualität und Gewalt (vgl. Winter 1993), der Fixierung auf die eigenen Wünsche, der Diskrepanz zwischen den Ansprüchen an die eigene Person, dem eigenen Selbstbild und den tatsächlichen Fähigkeiten und Verhaltensweisen. Manche mißbrauchende Väter scheinen dabei eigene Mißbrauchserfahrungen zu reproduzieren: "Sexuell mißbrauchte Mädchenund Jungen unterscheiden sich in ihren Reaktionen auf sexuelle Ausbeutung. Nach den bisherigen Erkenntnissen scheinen manche Jungen, die sexuell mißbraucht werden, später selbst Kinder zu mißhandeln und mit verstärktem aggressiven Verhalten zu reagieren. Sexuell ausgebeutete Mädchen scheinen dagegen eher autoaggressive, selbstzerstörerische Verhaltensmuster zu zeigen" (Gloer/Schmiedeskamp-Böhler 1990, S. 36; vgl. dazu auch Bange 1993, S. 134 ff.). Die physischen und vor allem psychischen Folgen sexueller Gewalt bei Mädchen und Jungen zeigen sich in sehr unterschiedlicher Weise. Meist ist die weitere Lebensgeschichte dieser Kinder gestört, oft sogar - zumindest auf den ersten Blick - zerstört. Die Konsequenzen für die (wenigen) verurteilten Täter, die oft weder Reue noch Schuld empfinden, stehen zu diesen Zerstörungen in keinem Verhältnis.

Hilfen für die Opfer und Präventionsbemühungen müssen an vielen Stellen und auf mehreren Ebenen bereitgestellt bzw. vorangetrieben werden. Väter und Männer müssen sich auch wegen des Risikos, zum sexuellen Gewalttäter zu werden mit sich auseinandersetzen und konfrontieren: mit ihrer Rolle, ihrer Sexualität, mit Gewaltformen die als Machtmittel verwendet werden, mit ihren Macht- und Verfügungsansprüchen gegenüber Mädchen, Frauen und Jüngeren. Dazu gehört auch die Auseinandersetzung mit der Auflösung traditioneller Vaterfunktionen, die in Vater- und Familienideologien nach wie vor hochgehalten werden: die Rolle des Vaters als Familienoberhaupt, als Ernährer und als Beschützer der Familie. Solange Väter in ihren Familien dominieren (obwohl die legitimatorische Basis dafür längst verschwunden ist), scheint ein Faktor bestehen zu bleiben, der es ihnen erlaubt, Gewalt gegenüber den Kindern und der Frau auszuüben. Solange das Vorrecht der Machtausübung implizit allen Männern zugestanden wird, werden es einige von ihnen ausnützen.

Die Enttabuisierung des Themas sexueller Gewalt in den letzten Jahren darf aber trotzdem nicht dazu führen, Zärtlichkeit von Vätern gegenüber ihren Kindern grundsätzlich infrage zu stellen. Kinder brauchen Zärtlichkeit von Vätern. Und Väter brauchen die Zärtlichkeit von Kindern - und zwar innerhalb der Grenzen, die Zärtlichkeit nicht zu sexueller Gewalt werden lassen.

3.4 Der Vater als Erzieher

Scharmann und Scharmann beschreiben den Vater in seiner Rolle als Erzieher im Sozialisationsprozeß zum einen als Identifikationsobjekt oder Vorbild, zum anderen als Repräsentant bestimmter Erziehungsziele und als Exponent bestimmter Erziehungsstile (vgl. Scharmann /Scharmann 1975, S. 292). Erziehungsziele des Vaters in der "traditionellen Familie" waren die Vermittlung von Wissen und Berufsfähigkeiten, die Vorbereitung auf Welt und Beruf, beziehungsweise auf Ehe und Familie. Autorität, Führung und Strenge bestimmten den Erziehungsstil. Als Erzieher wandte sich der Vater den Kindern erst ab einem bestimmten Lebensalter zu, ansonsten überließ er sie der Mutter oder weiblichen Angestellten.

War damit die Rolle des Vaters als Erzieher doch relativ klar definiert, scheint heute bei vielen Männern Unsicherheit vorzuherrschen, wie sie denn nun die gestiegenen Anforderungen an sich als Erzieher ausfüllen können. Als Vermittler von Wissen und Berufsfähigkeiten hat der Vater größtenteils ausgedient, an seine Stelle sind Schulen, Ausbildungsstellen, Universitäten getreten. Auf seine Stellungsautorität - früher Abbild, heute eher Gegenbild der Gesellschaft - kann der Vater nicht mehr zurückgreifen[15]. "Väterliche Autorität kann heute nicht mehr Stellungsautorität sein, sie muß Beziehungsautorität werden, die aus der Liebe zwischen Vater und Kind entsteht" (Lempp 1989, S. 188). Gerade mit dieser Art von Beziehung scheinen sich die Väter aber schwer zu tun. Obwohl, wie Pross in ihrer Untersuchung zu Tage brachte, Väter auch Erzieher sein *wollen,* und zwar von den ersten Tagen an, obwohl Väter als Erzieher vor allem die Aufgabe hätten, Liebe und Geborgenheit zu geben, und obwohl Väter ihren Kindern lieber Kamerad, Freund und Partner als Respektsperson sein möchten, steht der reale Vater dem idealen Vater doch sehr ferne: Die Beteiligung an der frühkindlichen Pflege und Versorgung hält sich in Grenzen. Konkrete Unterstützung, wie etwa bei den Schulaufgaben, überlassen die Männer ihren Frauen. Auch bei der Inanspruchnahme fremder Hilfen - wie Ärzte oder Erziehungsberatungsstellen - sind es die Mütter, die ihre Kinder dorthin begleiten. Die Aktivitäten mit den Kindern sind beschränkt (vgl. Pross 1978, S. 130 - 134). "Soweit sie an der Erziehung mitwirken, tun sie es ohne einen Versuch, sich besondere Kenntnisse dafür anzueignen oder sich mit Dritten zu beraten. (...) In die Vaterrolle stolpert man hinein". Und als Fazit hält Pross fest: "Der Vater hält auf Abstand. An die Stelle des übermächtigen Vaters ist der distanzierte Vater getreten. Er herrscht nicht über die

[15] Pross weist in diesem Zusammenhang auf eine Studie von Lupri hin, die besagt, daß international das Ausmaß an väterlicher Autorität mit steigendem Industrialisierungsgrad zurückgeht. Entscheidungen werden zunehmend von beiden Elternteilen getroffen und zunehmend werden auch Kinder in familiale Entscheidungsprozesse einbezogen. Vgl. Pross 1978, S. 122.

Seinen, ist aber auch nicht ihr aktiver Partner" (beide Zitate ebd. 1978, S. 134 f.).

Diese recht negative Bilanz wird auch nicht durch die Tendenz abgeschwächt, daß Väter in Familien mit traditioneller Rollenteilung in den letzten Jahren zunehmende Bereitschaft zeigten, sich an der Betreuung, Versorgung und Pflege ihrer Kinder mehr zu engagieren. Einer diesbezüglichen Euphorie widersprechen folgende Durchschnittszahlen, die Fthenakis in einer Zusammenstellung von Untersuchungen aus verschiedenen westlichen Industrienationen angibt: Berufstätige Männer arbeiten etwa eine Stunde pro Werktag im Haushalt und wenden zwölf Minuten für Kinderversorgung und -pflege auf, in der Woche durchschnittlich zwei Stunden. Nur 7,5% der Väter übernehmen einen ähnlich großen Teil der Kinderpflege wie die Frauen. Nicht mehr als 25% beteiligen sich regelmäßig daran. Die Zeit, während der der Vater die alleinige Verantwortung für das Kind hat, liegt im Durchschnitt bei einer Stunde pro Woche. Auch Fthenakis kommt zu dem Schluß, "daß Väter im allgemeinen (...) für ihre Kinder weniger verfügbar sind, sowohl beim Spiel als auch bei der Pflege und Betreuung. Wenn sich der Vater beteiligt, sind seine Aktivitäten eher spielorientiert - Aufgaben der Pflege und der reinen Betreuung werden dagegen überwiegend den Müttern überlassen" (Fthenakis 1985 Bd. 1, S. 163)[16].

Ein ähnliches Bild ergibt sich auch bei einer zunehmend größeren Vätergruppe: bei den "Vätern nach der Scheidung". Das Klischee, wie es gerne in den Medien entworfen wird, folgt dem Muster: Vater kämpft nach der Trennung verzweifelt gegen die besitzergreifende Mutter um sein Kind. Dieses Bild entspricht aber kaum der Realität: Nur 5% der Väter beantragen bei der Scheidung streitig das Sorgerecht für ihr Kind. Die überwiegende Mehrheit der Väter ist an einem Zusammenleben als alleinstehender Vater mit den Kindern nach einer

---

[16] Vgl. zum vorigen Fthenakis 1985 Bd. 1, die Seiten 152 - 165.

Trennung nicht interessiert, insbesondere wegen einem möglicherweise notwendigen Zurücksteckens im Berufsleben. Der Vater weiß die Kinder nach einer Trennung bei der Mutter gut aufgehoben. Rund 40% aller geschiedener Väter sind "Schattenväter", also Väter, die nach einer Scheidung jeden persönlichen Kontakt zu ihren Kindern abbrechen. Bei rund 33% der geschiedenen Väter zeigt das Verhältnis zu ihren Kindern eine rückläufige Besuchstendenz und eine gewisse Entfremdung. Immerhin führen aber auch 27% noch eine enge und herzliche Beziehung zu ihren "geschiedenen" Kindern (alle Angaben aus Napp-Peters 1985, S. 90).

Kinderarbeit, Erziehung der Kinder ist also primär - auch in Einelternfamilien - Sache der Mutter, der Vater scheint als Erzieher bedeutungslos und überflüssig. Zu dieser Sichtweise trug nicht unwesentlich die psychologische Forschung und ihr Niederschlag in psychologischer und pädagogischer Literatur bei, die sich allein auf die Mutter-Kind-Dyade konzentrierte[17].

3.5 Die Freizeitrolle des Vaters

Als neue Dimension der Erzieherrolle ist mit deren Wandel der Freizeitkontakt zwischen Vater und Kind hinzugekommen. Verkürzte Arbeitszeiten, verlängerte Wochenenden, Feier- und Urlaubstage ermöglichen es, den aus dem Alltag der Familie entschwundenen Vater, nun als "Freizeitvater" zurückzuholen. War der Kontakt zwischen Vater und Kind vor der Trennung von Arbeitsplatz und Familie noch

---

[17] Obwohl sich zahlreiche wissenschaftliche Disziplinen im deutschsprachigen Raum auch mit dem Problem der Vaterschaft beschäftigten, überwogen dabei doch bei weitem die theoretischen, oft idealistisch-praxisfernen Abhandlungen zur existentiell-anthropologischen Wesensbestimmung des Vaters, empirisch-praktische Untersuchungen über tatsächliche Rolle und Verhalten des Vaters waren dagegen selten. Einen Überblick über die Vaterforschung vermittelt Fthenakis 1985 Bd. 1.

selbstverständlich und von daher eher beiläufig, wird er heute durch die Abwesenheit des arbeitenden Vaters zu etwas "Besonderem". Allerdings hängt die Wahrnehmung der Freizeitrolle durch den Vater stark von dessen Berufstätigkeit ab. Tages- oder Wochenendpendler, Schichtarbeiter mit ungünstigen Arbeitszeiten, Ärzte, Manager, Wissenschaftler mit ihrer zeitintensiven Arbeit können ihrer Freizeitrolle seltener nachkommen. "Alle Untersuchungen in Österreich, in der Schweiz, in den USA und der Bundesrepublik zeigen, daß wirkliche Aktivitäten mit den Kindern nur am Wochenende stattfinden" (von Canitz 1980, S. 58). Der Vater wird seinen Kindern ein "Wochenend- oder Urlaubsvater", ein unbekannter, oft distanzierter, vielleicht auch ein mit kindlichen Erwartungen überfrachteter Vater.

Spätestens mit dem 15. Lebensjahr verliert der Vater als Freizeitpartner für die meisten Jugendlichen an Bedeutung. Abende und Wochenenden werden in Cliquen, mit Freunden und Freundinnen verbracht. Mit den Eltern in den Urlaub zu fahren, erweckt selten noch freudige Gefühle. Kritik am "Freizeitvater" kommt zudem verstärkt von jungen Müttern, die es satt haben, daß sich die Väter diese eher angenehme Seite der Kindererziehung herauspicken, ihnen dagegen den Alltag, die tägliche Verantwortung überlassen.

Die Freizeitrolle des Vaters steht demnach in einem seltsamen Widerspruch: Im Vergleich mit dem Leitbild des traditionellen Vaters liegt in ihr ein Funktionszuwachs beziehungsweise eine Rollenerweiterung der heutigen Väter vor. Trotz der hohen Erwartungen bezüglich dieser Funktion, die auch die Väter an sich selbst stellen (vgl. Pross 1978, S. 130), existieren verschiedene Widerstände, die es Männern schwer machen, den neuen Ansprüchen gerecht zu werden.

4. Die Kehrseite: das "Matriarchat Familie"

Parallel zu den bisher skizzierten Entwicklungen der Vaterrolle in Familie und Gesellschaft, umrissen mit den Stichworten "vaterlose Gesellschaft" und "Funktionsverlust", entstand ein matriarchal orientiertes Innenverhältnis in den Familien. "Nicht der Vater spielt in der Binnenstruktur der Familie die Hauptrolle, sondern die Mutter" (Mitscherlich-Nielsen 1984, S. 126). Von dieser sehr häufig auftretenden Situation berichtet ein Familientherapeut: "Was sich numerisch als ganze Familie aus Mutter, Vater und Kindern präsentiert, ist trotzdem eine "unvollständige" Familie. (...) Er (der Vater, D.R.) scheint ausgeschlossen zu sein und nicht für ganz voll genommen zu werden, ein anwesendes Nichts. Seine familiäre Kompetenz ist tatsächlich nicht sehr solide. Das beginnt schon damit, daß er über die Familie wenig Bescheid weiß. Seine allfälligen Entscheide sind denn auch nicht gerade glaubwürdig. Gleichzeitig ist er dem Vorwurf ausgesetzt, er kümmere sich nicht um die Seinen. Der Mutter bleibt dann logischerweise nichts anderes übrig, als die Dinge selber in die Hand zu nehmen" (Duss-von Wendt 1984, S. 163). Meist wenden sich die Kinder mit ihren Wünschen und Sorgen an ihre Mutter. Sie ist die Expertin für persönliche Beziehungen und für das Emotionale, bestimmt für diese Rolle durch den langen und intensiven Kontakt mit ihren Kindern während Säuglingszeit, Kindheit und Jugend. Bestimmt für diese Rolle aber auch durch die Zuschreibung und das Beherrschen von Fähigkeiten und Tätigkeiten entsprechend ihrer traditionellen Geschlechtsrolle. Dieser "Mutter als der allein zuständigen zentralen Gestalt" steht der "Vater als die nichtkompetente Randfigur" (vgl. ebd., S. 163) gegenüber, ausgeschlossen aus diesem Beziehungsgeflecht, schweigsam und zum Schweigen gebracht, oft seltsam hilflos, seine Vaterschaft auch noch anders als über seine "Arbeit für die Familie" umzusetzen. Seine Randposition zeigt sich deutlich in einer typischen Zuordnung von

Tätigkeiten und Familienräumen: Er arbeitet am Haus, am Auto und im Garten; Hobbyraum und Keller sind sein Revier an der Peripherie der Familie. Im Innenraum der Familie ist er zur Hilfskraft degradiert.

Die Familie erweist sich also als heimlich bis offen "matriarchalisch": als ein System mit "zu viel Mutter" und (weil!) "zu wenig Vater". Die Abdankung der Väter ist allerdings ebensowenig gezielt erfolgt oder erzwungen worden wie eine Machtübernahme der Mütter. Was als Mutterzentriertheit und Vaterlosigkeit diagnostiziert wurde, entstand nicht aus der Familie heraus, sondern ist letztendlich eine Folgeerscheinung der gegebenen Wirtschafts- und Arbeitsstrukturen und einer Anpassung der Familie an sie. Für Familie und Gesellschaft wurde der Vater reduziert auf zwei wirtschaftliche Funktionen und Rollen, nämlich Ernährer und Arbeitskraft zu sein[18]. "Vaterlose Gesellschaft", "Funktionsverlust", "Matriarchat Familie" und auch die "Krise der Familie" lassen die Figur des Vaters beinahe wie eine "bedrohte Art" erscheinen. Oder, mit Maureen Greens Worten ausgedrückt: "Und der Vater wird allmählich wie ein Luxus, auf den man notfalls aber auch verzichten kann" (Green 1977, S. 21).

"Der Vater als verzichtbarer Luxus"

Ohne diese Spitze gleich wieder abzubrechen, soll zunächst danach gefragt werden, wie die "Betroffenen", die Väter und Männer heute sich selbst sehen: Wie bewerten sie die Vaterrolle, welches Selbstbild haben sie von sich als Vater, welches Engagement zeigen sie tatsächlich als Vater? Orientieren sie sich trotz aller gesellschaftlichen und sozialen Veränderungen noch am Leitbild des traditionellen Vaters? Empfinden sie möglicherweise Defizite angesichts des Wandels der

---

[18] Vgl. die zentrale These von Beck-Gernsheim 1980, S. 24.

Vaterrolle und angesichts der ihnen zugeordneten und von ihnen übernommenen Geschlechtsrolle in Familie und Gesellschaft?

In den letzten Jahren gab es einige empirische Untersuchungen bezüglich des Verhältnisses zwischen den Geschlechtern, des Wandels der Geschlechtsrollen und der männlichen Rolle in Familie, Beruf und Gesellschaft[19]. Für die oben gestellten Fragen bietet sich eine repräsentative Studie von Christiane Ryffel-Gericke über die Situation von Schweizer Männern in Familie und Beruf an, die sich durch eine ausführliche und differenzierte Analyse der Vaterrolle vor allen anderen Untersuchungen auszeichnet[20].

5. Väter im Spiegel ihrer eigenen Aussagen

In ihrer Einleitung begründet Ryffel-Gericke ihr Interesse an Männern als Gegenstand ihrer Untersuchung unter anderem damit, daß Väter die ersten Männer im Leben ihrer Kinder sind und damit wichtige Maßstäbe setzen für das, "was lange Zeit (und manchmal für immer) als "natürlich", "selbstverständlich" und "typisch männlich" empfunden wird" (Ryffel-Gericke 1983, S. 4 f.). Der Vater als Sozialisationsagent für Männlichkeit und seine Aktualisierung der Vaterrolle können nach Ryffel-Gericke allerdings nicht unabhängig von dem wichtigen

[19] Ein Überblick über mehrere Untersuchungen ist zu finden in: Bergmann-Gries (u.a.) 1988, S. 28 - 389.

[20] Vgl. Ryffel-Gericke 1983. Im Jahr 1980 wurden mit Hilfe eines zum großen Teil standardisierten Fragebogens 600 Schweizer Ehepaare interviewt, die nicht länger als zehn Jahre verheiratet waren. Das Alter der befragten Männer verteilte sich folgendermaßen: 25,7% zwischen 20 und 29 Jahren, 67,3% zwischen 30 und 39 Jahren und 7% älter als 39 Jahre. Zu einzelnen Themengebieten wurden die Aussagen der Ehefrauen als vergleichendes Korrektiv herangezogen. Ryffel-Gericke bezeichnet die Studie als repräsentativ für die befragten Gebiete, in der Tendenz sind ihre Ergebnisse meines Erachtens auch auf die BRD und andere westliche Industrienationen übertragbar. Da nur Eheleute interviewt wurden fehlt allerdings der wachsende Teil der Väter und Mütter, die in anderen Familienstrukturen leben.

männlichen Rollensegment Beruf, aber auch nicht unabhängig von der eigenen Biographie als Kind, den objektiven und subjektiven Bedingungen der Partnerbeziehung und von grundsätzlichen Einstellungsmustern zur Beziehung zwischen den Geschlechtern gesehen werden (vgl. ebd., S. 140 f.). Sowohl diese Aspekte als auch die Frage nach einer möglichen Perzeption von Geschlechtsrollendefiziten aufgrund des Wandels der Vater- und Männerrolle sollen in die folgende Zusammenfassung der Untersuchungsergebnisse miteinfließen.

5.1 Die Bewertung der Vaterrolle

"Ein Mann kann mit seinem Leben ganz zufrieden sein, wenn er ein guter Vater ist". Dieser Meinung schloß sich ein Viertel der Befragten an, ein weiteres Viertel stimmte mit Vorbehalten zu, 13% schwankten und das letzte Drittel schrieb der Vaterrolle eher geringe Wichtigkeit im Zusammenhang mit dem Lebenserfolg eines Mannes zu[21]. Dabei spielt der Sozialisationskontext der befragten Männer eine gewisse Rolle: Der Vaterschaft wird im Leben des Mannes um so größere Bedeutung zugemessen, je einfacher sein Herkunftsmilieu ist. Auch das Erlebnis einer großen Familie und einer starken affektiven Zuwendung durch den eigenen Vater fördern die Wertschätzung der Vaterschaft. Darüber hinaus wirken folgende Faktoren in dieselbe Richtung: Das Gefühl des Mannes in einer guten Ehebeziehung zu leben, ein traditionelles Rollenverständnis beider Partner, die Akzeptanz der Übernahme traditioneller Familienfunktionen wie die Wahrung der Autorität und die Vertretung der Familie nach außen.

Zu einer eher geringen Bewertung der Vaterschaft neigten erstaunlicherweise die Männer, die der Perzeption der Männerrolle eher kri-

[21] Vgl. dieses und folgende Ergebnisse bei Ryffel-Gericke 1983, S. 142 - 148.

tisch gegenüberstanden und mit der eigenen Geschlechtsrolle gewisse Nachteile verbanden. Auch der Bildungsstatus spielt insofern eine Rolle, als mit wachsender formaler Schulbildung des Mannes die Bedeutung der Vaterschaft um so eher relativiert wird: Mit steigendem Bildungsgrad und je mehr alternative Handlungsfelder sich dem Mann dadurch erschließen, wird eine gelungene Aktualisierung der Vaterrolle allein als nicht genügend betrachtet, um als Mann mit seinem Leben zufrieden sein zu können.

Der Vergleich mit der Bewertung der Vaterschaft durch die Frauen zeigt, daß Männer und Frauen in gleichem Maße der Vaterschaft im Leben des Mannes eine geringere Bedeutung zumessen als der Mutterschaft im Leben der Frau.

5.2 Das Selbstbild als Vater

Ryffel-Gericke untersucht hier hauptsächlich, inwiefern sich die Väter als autoritär beziehungsweise affektiv zugewandt gegenüber ihren Kindern empfinden[22]. Wurde im Vergleich das Verhalten der eigenen Eltern als geschlechtsspezifisch recht unterschiedlich erlebt (der Vater eher streng und vielbeschäftigt, die Mutter eher fröhlich, zärtlich und verständnisvoll), so scheinen im Selbstbild der Väter und Mütter heute diese Unterschiede nur noch bezüglich des affektiven Verhaltens zu bestehen, jedoch deutlich abgeschwächter als in der Elterngeneration. Ryffel-Gericke folgert daraus: "Das in der Elterngeneration relativ deutliche Bild vom Vater als Autoritätsfigur und der Mutter als emotionalem Zentrum der Familie verblaßt und scheint in der heutigen Generation nicht mehr in dem Maße vorhanden zu sein wie früher" (ebd., S. 152). Dabei zeigten sich bei den Vätern stärkere Verände-

[22] Vgl. zum folgenden ebd., die Seiten 148 - 163.

rungen als bei den Müttern: Sie nehmen sich selbst als verständnisvoller, zärtlicher und weniger streng gegenüber ihren Kindern wahr, als sie die eigenen Väter erlebt haben. Die Ursachen dieses Wandels vermag Ryffel-Gericke mit dem erhobenen Datenmaterial nicht zu rekonstruieren.

Verstärkend auf den Grad der affektiven Zuwendung des Vaters zum Kind wirken folgende Faktoren ein: das Erleben entsprechender Verhaltensweisen beim eigenen Vater, die Anzahl der Kinder in der Familie und das Alter des(r) Kindes(r). Eine gefühlsbetonte Vater--Kind-Beziehung entsteht insbesondere dann, wenn das Kind sehr klein ist, dagegen erhöht sich die Wahrscheinlichkeit eines distanzierteren Verhältnisses mit der wachsenden Anzahl von Kindern. Bedeutendster Einflußfaktor bezüglich der emotionalen Zuwendung im Selbstbild des Mannes scheint aber die affektive Zuwendung der Ehefrau zum Kind zu sein.

5.3 Das Engagement als Vater

Drei Aspekte des Handelns als Vater werden hier von Ryffel-Gericke berücksichtigt: die Vorbereitung auf das erste Kind, seine Aktivitäten mit dem Kind und das zeitliche Ausmaß, in dem er dem Kind zur Verfügung steht[23].

Bei der Vorbereitung auf das erste Kind ließ es ein ganzes Drittel der Befragten bei der Tatsache, Vater zu werden, bewenden, eine aktive Auseinandersetzung mit der kommenden neuen Lebenssituation fand nicht statt. Bei den übrigen dominierten die Gespräche mit der Ehefrau, "womit ihr ein wesentlicher Anteil am Sozialisationsprozeß

[23] Vgl. zum Folgenden ebd., S. 163 - 171. Hinzuweisen ist darauf, daß die Intensität und Qualität der Beziehung nicht gemessen werden konnte.

des Mannes zum Vater zukommen dürfte" (ebd., S. 164). Das Gespräch mit anderen Männern rangierte an letzter Stelle der genannten Vorbereitungen auf die neue Rolle. "Vaterwerden scheint also kein sonderlich brisantes Thema zwischen Männern zu sein, woraus sich schließen läßt, daß Kinder zu einem großen Teil noch immer weitgehend als Sache der Frau definiert werden" (ebd., S. 164). Interessant ist noch die Tatsache, daß die Intensität der Vorbereitung des Mannes mit steigendem Bildungsgrad der Ehefrau zunimmt.

Wie schon die Untersuchung von Pross zeigte, besteht auch in der Schweizer Umfrage eine relativ große Bereitschaft der Väter, mit ihren Kindern zu spielen oder spazierenzugehen. Dagegen ist die Beteiligung an der Versorgung der Kleinkinder oder an der Hilfe bei Schulaufgaben recht gering. Über den zeitlichen Einsatz der Väter geben die Daten keinen Aufschluß, Ryffel-Gericke führt aber eine amerikanische Untersuchung an, nach der Männer sich täglich zwischen 62 und 96 Minuten für Arbeiten in der Familie einsetzen, wobei die Kinderbetreuung nur einen kleinen Teil ausmacht[24]. Im Variablenvergleich zeigt sich, daß weder eine Berufstätigkeit der Frau, noch die Anzahl und das Alter der Kinder einen Einfluß auf das zeitliche Engagement der Väter haben, dagegen ein modernes Rollenverständnis der Ehepartner, eine gute Ehebeziehung, ein höherer Bildungsstatus und eine ablehnende Einstellung der Partnerin gegenüber der Wahrnehmung traditioneller Familienfunktionen durch den Ehemann eine intensive zeitliche Beschäftigung des Vaters mit den Kindern besonders fördern.

---

[24] Vgl. ebd., S. 165 f. Entsprechend die Daten bei Fthenakis 1985 Bd. 1, S. 152 - 165.

5.4 Beruf und Vaterrolle

Die Datenanalyse ergab, daß Familie und Beruf die für den Mann wichtigsten Lebensbereiche darstellen, daß aber starke zeitliche Investitionen in den Beruf viel häufiger verbreitet sind als ein ausgeprägtes Engagement in der Familie[25]. Der Vergleich mit den befragten Frauen zeigte, daß diese die Familie häufiger, den Beruf dagegen seltener als sehr wichtig bezeichnen. Für die Fragestellung dieser Arbeit ist nun interessant, wie Männer Beruf und Vaterrolle vereinbaren, welche Auswirkungen der Beruf auf die Vaterrolle zeigt.

Ryffel-Gericke weist dabei auf einige Untersuchungen hin, die belegen, daß Inhalte der Berufsarbeit, Höhe der beruflichen Position und Bedingungen am Arbeitsplatz sowohl Erziehungsverhalten als auch Erziehungswertorientierungen der Väter stark beeinflussen. Mit ihrer eigenen Untersuchung gelangte sie zu folgenden Ergebnissen: Positiv auf die Bewertung und Aktualisierung der Vaterrolle wirken sich berufliche Zufriedenheit, soziale Wertorientierung (Anerkennung und Kontakte mit Kollegen) und Aufstiegsorientierung im Beruf aus. Negative Auswirkungen zeigen dagegen: hohe wöchentliche Arbeitszeit, Streß am Arbeitsplatz, geringe Befriedigung im Beruf und hohe berufliche Gratifikationen auf objektiver Ebene (Einkommen und Berufsprestige). Besonders bedeutsam erscheint, daß bei der Wahrnehmung eines zeitlichen Konflikts zwischen Beruf und Familie dies insofern zu Lasten der Familie geht, "als in solchen Fällen die Bedeutsamkeit der Vaterrolle im Leben des Mannes eher tiefer bewertet wird, am Kinderhaben seltener positive Seiten gesehen werden, sich die Beziehung zum eigenen Kind eher distanziert gestaltet und zudem sehr wenig Zeit in eine regelmäßige Interaktion mit dem Kind investiert wird" (ebd., S. 238). Hinzu tritt das bekannte Phänomen, daß

[25] Vgl. zum folgenden Ryffel-Gericke, S. 215 - 272. Zu denselben Ergebnissen gelangten die Untersuchungen von Pross 1978 und Metz-Göckel/Müller 1986.

die meisten Väter, deren Frauen berufstätig sind, keine Bereitschaft zeigen, sich weniger beruflich zu engagieren und dafür mehr Zeit für die Familie zu verwenden. Berufstätigkeit der Frau *und* Familienleben gehen nach wie vor auf die Kosten der Mütter.

So kommt Ryffel-Gericke zu dem Schluß: "Etwas vereinfacht läßt sich wohl festhalten, daß bei den meisten Männern eine starke Berufsorientierung und Vaterschaft relativ problemlos vereinbar sind. Sie meinen nicht nur, daß Beruf Männer- und Haushalt Frauensache sei, sondern sie handeln auch häufig danach und können gleichzeitig sehr liebevolle Väter sein" (ebd., S. 272).

5.5 Perzeption von Geschlechtsrollendefiziten

Inwieweit sich Väter Gedanken zu dieser Situation machen, inwieweit sie selbst Defizite empfinden angesichts der von ihnen zum Teil erwarteten und von ihnen eingenommenen Geschlechtsrollen, ist bisher empirisch kaum belegt worden. Dagegen berücksichtigte Ryffel-Gericke in ihrer Untersuchung die Frage nach der Wahrnehmung potentieller Defizite der männlichen Rolle bei den Befragten unter drei Aspekten[26]: Gefragt wurde nach der Wahrnehmung eines emotionalen Defizits (Männer zeigen zu wenig Herzlichkeit und Mitmenschlichkeit), eines Entwicklungsdefizits (Männer schenken ihrer inneren Entfaltung zu wenig Aufmerksamkeit) und eines zeitlichen Defizits in der Familie aufgrund starker Berufsorientierung. Mehr als die Hälfte der befragten Männer empfand im großen und ganzen den emotionalen Bereich und die innere Entfaltung von Männern defizitär, einige sogar völlig. Ganze 80% stimmten einer einseitigen Überbeanspruchung durch den Beruf auf Kosten der Familie zu.

---

[26] Vgl. zum folgenden ebd. S. 130 - 135.

Es scheint also, daß die Mehrzahl der Männer mit einem Rollenkonflikt konfrontiert ist, der sich besonders stark aus einem Spannungsverhältnis zwischen Berufsrolle und Familienrolle, also auch der Vaterrolle ableitet. Ob die Perzeption dieser Defizite eine Ressource für eine Neudefinition der Vaterrolle beinhaltet, darauf geht Ryffel-Gericke nicht ein. Sie vermutet allerdings, daß die Wahrnehmung von Rollendefiziten mit einer gewissen Aufgeschlossenheit gegenüber neuen Formen der Arbeitsteilung assoziiert ist, "sowie mit einer tendenziellen Abkehr vom patriarchalischen zugunsten eines partnerschaftlichen Entscheidungsverhaltens in der Familie" (ebd., S. 135).

5.6 Zusammenfassung

Mit Hilfe der Untersuchung von Ryffel-Gericke lassen sich vorsichtige Antworten auf die Frage formulieren, wie sich denn nun Väter angesichts der skizzierten Veränderungen der Vaterrolle selbst beurteilen. Ihre Untersuchung zeigt, daß die alten Leitbilder der männlichen Geschlechtsrolle in den Köpfen von Vätern (aber auch von Müttern) nach wie vor wirksam sind: Während Mutterschaft weitgehend als wesentlicher Teil weiblicher Identität gilt, kommt der Vaterschaft in unserer Kultur nicht die gleiche Bedeutung zu. Sie prägt zwar den Lebenszusammenhang des Mannes sehr stark mit, wird aber eher im Sinne einer Statusvollständigkeit als im Sinne einer Aktualisierung spezifisch männlicher Fähigkeiten betrachtet. Die soziale Identität des Mannes leitet sich mehr aus Dimensionen seiner Berufstätigkeit als aus der Tatsache seines Vaterseins ab. Durch die Berufsrolle des Mannes wird auch seine Vaterrolle determiniert, alle anderen Einflußfaktoren erscheinen demgegenüber zweitrangig. Die zeitlichen Restriktionen der

Berufstätigkeit lassen das Klischee vom Wochenendvater, vom abwesenden Vater als weiterhin gültig erscheinen.

Das Bild des unnahbaren, strengen Vaters, der über alle herrscht und keiner sensiblen Gefühlsregung fähig ist, scheint allerdings, zumindest im Selbstverständnis der Väter, der Vergangenheit anzugehören. Hier zeigt sich die wohl bedeutendste Abweichung vom Leitbild des traditionellen Vaters. Bei der Beschäftigung mit dem Kind dominiert weniger der Lehrmeister und Disziplinierende als vielmehr der Spielkamerad. Auch die Wahrnehmung von Geschlechtsrollendefiziten weist darauf hin, daß sich eine Abkehr von traditionellen Geschlechtsrollen und vom traditionellen Vaterbild anbahnt. Jedoch wirkt gerade das Empfinden der zeitlichen Restriktionen durch die Berufstätigkeit zuungunsten der Familie als Defizit erstaunlich, angesichts der Fixierung von Vätern auf ihre Ernährerfunktion.

Was in den Selbstaussagen der befragten Männer als erkanntes, benanntes, aber nicht verändertes Defizit der männlichen Geschlechtsrolle auftauchte, ist möglicherweise nur die Spitze eines Eisbergs. Es ist zu vermuten, daß die geschilderten Veränderungen der Vaterrolle, die Infragestellung traditioneller männlicher Teilrollen, auf der anderen Seite aber auch das Weiterwirken von und die Orientierung an traditionellen Leitbildern und Stereotypen den Vater als "Sozialisationsagenten" von Männlichkeit gerade bezüglich seiner Vaterrolle, aber auch seiner eigenen männlichen Identität in Widersprüche versetzen, verunsichern und irritieren. Dieser Vermutung möchte ich im folgenden Kapitel, vor einer abschließenden Zusammenfassung des ersten Teils dieses Buches nachgehen.

6. Widersprüche und neue Wege

Über die tatsächlichen Auswirkungen der Veränderungen von Vater- und männlicher Gechlechtsrolle auf die "väterliche und männliche Identität" ist recht wenig bekannt, da eine entsprechende Männerforschung, die das Thema aus kritischer männlicher Perspektive betrachtet, erst in geringen Ansätzen existiert (vgl. vor allem Böhnisch/Winter 1993).

6.1 Widersprüche innerhalb der Vaterrolle

Wie gezeigt, unterlag die Vaterrolle im historischen und sozialen Wandel enormen Veränderungen. Der Zerfall väterlicher Autorität ging einher mit der Einschränkung väterlicher Funktionen, der Entwicklung der Familie zum Matriarchat und der enormen Aufwertung der Mutter-Kind-Beziehung durch Wissenschaft und Populärliteratur. Die Fixierung des Vaters auf seine Berufsrolle ließ ihn zur komischen Randfigur der Familie werden: Von allen belächelt und nicht ernst genommen oder verstanden; verstummt und zum Schweigen gebracht; im Kreise der Seinen ein Fremder; gegen die Mutter als Zentralfigur chancenlos; nur noch Geldlieferant; seiner eigenen Werte und Vorstellungen nicht mehr gefragt; sich unbehaglich fühlend in der Gegenwart der Kinder und unerfahren im Umgang mit ihnen; letztendlich gar in seiner letzten Bastion, der Ernährerfunktion, angegriffen. Was sich so wie die Karrikatur eines Vaters liest, dürfte in Teilen durchaus zur Alltagserfahrung von Vätern gehören.

So erlebt, kann Vaterschaft dem männlichen Lebenszusammenhang keinen Sinn geben, wird ihre geringe Bewertung in den Aussagen von Männern verständlich. Dennoch ist der berufstätige Vater angesichts der Rationalität, der Leistungsorientierung und der Zwänge der Arbeitswelt mehr denn je auf das emotionale Rückzugsgebiet Familie angewiesen. In diesem Lebensraum, der eigentlich auch sein Zuhause sein sollte, in dem ganz andere Werte als im Arbeitsleben zum Zuge kommen sollen, spielt der Vater tatsächlich aber nur eine Nebenrolle.

Daß Väter diese Situation selbst als Defizit wahrnehmen, allerdings keine spürbaren Aktivitäten der Veränderung initiieren, hat Ryffel-Gericke gezeigt. Diese Asymmetrie allerdings voll auf das Schuldkonto der Väter zu buchen oder als "halbherzige Lippenbekenntnisse"[27] zu bezeichnen, erscheint mir ebensowenig hilfreich wie die Darstellung der Väter als Opfer widriger Umstände. Hilfreicher erweist sich eher die Frage danach, warum sich Männer so schwer tun, von ihrer Berufsorientierung abzuweichen, Vaterschaft höher zu bewerten und engagierter auszufüllen. Mehrere Faktoren scheinen der Realisierung neuer Väterrollen im Wege zu stehen: Trotz aller Veränderungen im Verhältnis der Geschlechter haben Geschlechtsrollenstereotype nach wie vor großen Einfluß auf Einstellungen und Verhaltensweisen von Männern und Frauen. "Stereotype verdichten (...) Merkmalskomplexe und reduzieren die Komplexität der Erscheinungsformen, konstituieren aber eine eigene soziale Realität, die vergleichsweise erfahrungsresistent ist". Sie "führen ein soziales Eigenleben und ermöglichen im Alltag, Frauen und Männer als Angehörige des jeweiligen Geschlechtskollektivs zu identifizieren und Geschlechtergrenzen als solche zu fixieren. Damit begrenzen sie Potentiale von Frauen und Männern in einer schematischen und extremen Weise, ohne daß ihre Akzeptanz bei den einzelnen Geschlechtsangehörigen gesichert ist" (Metz-Göckel/Müller 1986, S. 90). Gesellschaftliche Akzeptanz findet also nur das Verhalten, das den stereotypen Bildern von Vater- oder Muttersein entspricht. Ein Vater, der seine Familie nicht ernährt, der zuhause am Wickeln und Füttern der Kinder ist, eine Frau, die sich

[27] Vgl. Metz-Göckel/Müller 1986 und Pross 1978, S. 55.

nicht um ihre Kinder kümmert, sondern lieber arbeiten geht, kann nicht auf gesellschaftliche Zustimmung und Anerkennung hoffen.

Ein Rückgriff von Vätern auf Geschlechtsrollenstereotype als Orientierungsschemata ist außerdem besonders dann zu vermuten, wenn sie in ihrer traditionellen Rolle verunsichert sind, gleichzeitig aber keine alternativen Väterbilder erlebt haben und ein Abweichen von ihrer traditionellen Vaterrolle nicht als "attraktive Alternative" sehen können: Kinderpflege, Kindererziehung und Hausarbeit stehen in ihrem gesellschaftlichen Wert unter der Berufsarbeit, sie werden von Männern offensichtlich eher negativ erlebt, sie sind eine von Frauen besetzte und bestimmte Domäne, entsprechende Fähigkeiten für ihe Ausführung sind bei Männern aufgrund ihrer Sozialisation eher verkümmert. Zudem erschweren die existierenden Arbeitsmarktstrukturen (wenig Teilzeitarbeitsstellen, höherer Verdienst von Männern, wenig flexible Arbeitszeitregelungen) mögliche Veränderungswünsche.

Diese Widersprüche scheinen es schwer zu machen, eine befriedigende und sinngebende Rolle als Vater zu finden. Aussagen befragter Väter in der Männerstudie von Helge Pross spiegeln eine Verunsicherung und Resignation wider, die dieser Situation entspringen: "sie wünschten nicht, als Vorbilder gesehen zu werden, und selbst wenn sie es wünschten, würden die Kinder sich nicht daran halten. Als Vater glaube man an Werte, die für die Kinder keine Werte seien" (Pross 1978, S. 130).

6.2 Widersprüche innerhalb der Männerrolle

In diesem Abschnitt soll aufgezeigt werden, daß Väter als die ersten und zunächst engsten Repräsentanten von Männlichkeit für ihre Kinder heute nicht mehr selbstverständlich und ungebrochen ein Männerbild repräsentieren können, das frei von Widersprüchen ist und allgemeine gesellschaftliche Akzeptanz findet. Das traditionelle Rollenbild vom Mann erlebte in den letzten zwei Jahrzehnten beachtliche Einbrüche.

Krisenerscheinungen in der allgemeinen gesellschaftlichen Entwicklung, Veränderungen im Arbeitsbereich und die Herausforderung durch die Frauenbewegung haben das traditionelle Männerbild erschüttert. Männliche Sozialisationsverläufe wurden - aufgrund von Individualisierung und Pluralisierung von Lebensläufen - weniger linear und geschlossen, sondern offener, vielfältiger und auch riskanter (vgl. Beck 1986). Traditionelle männliche Normalbiographien mit Schule, Ausbildung, Beruf, Familie sind für viele Männer in dieser Form nicht mehr durchgängig zu leben. Besonders in "kritischen Lebenssituationen" - wie Arbeitslosigkeit, Abstieg in der Arbeitshierarchie, Pensionierung, Partnerschaftskrisen und Trennungen, während langer Krankheitszeiten usw. - brechen für viele Männer Fragen nach ihrer männlichen Geschlechtsidentität auf. Ihre traditionellen Selbstkonzepte werden brüchig. Sowohl soziogene wie auch psychogene Faktoren lassen das Mannsein als identitäts- und sinngebende Rolle nicht mehr aus sich selbst heraus tragend erscheinen. Das Mannsein muß bewältigt werden.

Böhnisch und Winter (1993) beschreiben hinsichtlich der Reaktion auf diesen Druck verschiedene Bewältigungs-Typen:

- Der "restriktive" Typus flüchtet sich in strikte, alte und traditionelle Rollenbilder und fordert die Wiederherstellung bzw. Erhaltung einer männlichen Hegemonialstruktur mit traditioneller Arbeitsteilung, nach der die Dominanz des Mannes unangetastet bleibt.

- Andere betrachten die Aufhebung der männlichen Hegemonialstrukturen, Individualisierung und Pluralisierung als Möglichkeit der Gestaltung für ihre Selbstverwirklichung, als Chance, Rollenbilder zu entwerfen, dafür, einen partnerschaftlichen Umgang und die Gleichberechtigung der Geschlechter zu verwirklichen.

- Der Großteil der Männer mogelt sich jedoch durch: Sie suchen einerseits Halt an der Tradition - vor allem wenn diese Macht und Privilegien zuteilt. Andererseits demonstrieren sie schon auch mal ihr fortschrittliches Denken, indem sie spülen, Kinderwägen schieben und in der Freizeit mit ihren Kindern spielen. Ansonsten aber lassen sie ihre männliche Ernährerorientierung unangetastet.

Die Gleichzeitigkeit von scheinbar in sich widersprüchlichen Männerbildern wird dabei kulturell stabilisiert durch die Demonstration des postmodernen Mannes im heutigen Konsummarketing. Dort existiert der Macho ebenso wie der Hausmann. Der traditionelle Mann darf das Kuschelige der Wäsche, die ihm seine Frau erwartungsvoll und gespannt hinhält, ebenso loben, wie der wäschewaschende Vater auf die Qualität "seiner" Waschmaschine hinweisen darf. Gerade in dieser Szenerie der Konsumgesellschaft, im Nebeneinander und Miteinander völlig differierender Männer- und Väterbilder wird den Männern die reflexive Auseinandersetzung mit der männlichen Geschlechtsrolle weitgehend abgenommen.

Daß es dennoch eine Auseinandersetzung mit der Männerrolle und Selbstreflexionsprozesse zumindest in Teilbereichen des Mannseins gibt, davon zeugen Männerbücher, Männergruppen, davon zeugt die Diskussion um den "Neuen Mann" in der breiten medialen Öffentlichkeit. Oft in Karikaturen, manchmal auch ernsthaft werden verschiedene Männerbilder beschrieben: Machos, Chauvies, Softies, Schwule, Neutralos, Opportunisten, Anpassungskünstler, Irritierte und Desorientierte[28]. Ferner führt die einmal begonnene Auseinandersetzung mit dem Mannsein auch zu einer Sensibilität für deren Widersprüche und

---

[28] Vgl. die Typologie bei Walter Hollstein 1988.

zur Erkenntnis des Preises, den Männer für die Anforderungen an ihre Rolle bezahlen müssen bzw. können.

Pleck (1976) versuchte den Wandel der männlichen Geschlechtsrolle systematisch zu erfassen, indem er idealtypisch zwischen "traditioneller" und "moderner" Männerrolle unterschied und die veränderten Rollenerwartungen an den Mann für die Bereiche Leistung, Emotionalität, Beziehung zu Frauen und zu anderen Männern aufzeigte (vgl. bei Schenk 1979, S. 173 ff.). In allen vier Bereichen veränderten sich die Rollenerwartungen in größerem Maße. Als problematisch für Männer erwies sich weniger die Ablösung der "traditionellen" von der "modernen" Männerrolle, sondern die Konfrontation mit beiden sich widersprechenden Rollentypen und das Vorfinden beiderlei Verhaltens beim einzelnen Mann. Als Beispiel dafür führt Schenk eine Untersuchung von Tavris und eine eigene an, die diese Widersprüchlichkeit hervorheben: Männer sollen zugleich stark, beruflich erfolgreich, sanft und sensibel sein und auch mal weinen können (vgl. ebd., S. 174).

Diese Widersprüche in männlichen Lebenszusammenhängen lassen sich fortsetzen: Eltern und Altersgenossen erwarten jungenhaftes Verhalten von Jungen, typische Schultugenden sind dagegen eher "traditionell weiblicher" Art: Höflichkeit, Ordentlichkeit, Fügsamkeit, Sauberkeit. Junge Männer dürfen Verführer sein, erwachsene Männer sollen verantwortungsbewußte und zuverlässige Familienväter sein. Im öffentlichen Bereich sind Männer Leistungs- und Konkurrenzdenken ausgesetzt, zuhause sind humane Werte wie Solidarität, Zärtlichkeit, Fürsorge und Gleichberechtigung gefordert. Die Gefahr ist offensichtlich, daß solche widerspruchsvollen psychischen Strukturelemente und gesellschaftlichen Moralvorstellungen, solche auf verschiedenen Ebenen gegensätzlich zueinander stehenden Zwänge "quasi multiple Persönlichkeiten erzeugen" (vgl. Mitscherlich-Nielsen 1984, S. 135).

Daß die Männerrolle deshalb nicht nur krank macht, sondern auch die Lebenserwartung von Männern erheblich beeinflußt, zeigte Herb

Goldberg (1979) in einer "eindrucksvollen" Auflistung auf: In allen Lebensaltern liegt die Sterberate der Männer höher als die der Frauen. Jungen neigen stärker zu Verhaltensstörungen, ihr Anteil an autistischen Störungen liegt drei- bis viermal, ihr Anteil an der Patientenschaft in psychiatrischen Kliniken um 150% höher. Für erwachsene Männer belegen Statistiken über chronische Krankheiten mit tödlichem Ausgang (Bronchitis, Herzkrankheiten, Leberzirrhose, Lungenentzündung, Tuberkulose, bestimmte Krebsarten), daß die jährliche Sterberate von Männern hier zum Teil deutlich überwiegt. Horst E. Richter (1974) wies die enge Beziehung zwischen Männlichkeitsideal und Herzinfarktprofil nach. Der Mann, der nicht leiden darf, verdrängt Anzeichen körperlichen Unbefindens, geht seltener zum Arzt oder Therapeuten, bittet nicht um Hilfe, auch wenn er sie braucht. Statistiken über Arbeitsunfälle, Kriminalitätsraten, Alkoholismus, Drogenabhängigkeit oder Selbstmord sprechen eine deutliche Sprache: Auch hier herrscht männliche Dominanz vor.

Diese statistischen Fakten lassen sich dann besser verstehen, wenn sie mit den "Prinzipien der Bewältigung des Mannseins" (vgl. Böhnisch/Winter 1993, S. 128 ff.) in Korrelation gebracht werden. Solche (idealtypisch rekonstruierte) Prinzipien, wie etwa Externalisierung, Gewalt, Stummheit, Rationalität, Kontrolle oder Körperferne stellen einen Pool von Gefühls- und Verhaltensmöglichkeiten dar, wie sie im Gendering - also in der sozialisatorischen Rekonstruktion des Männlichen - erworben und aufgebaut werden.

Wie sensibel sind Männer nun tatsächlich für solche Fakten? Ryffel-Gerickes Untersuchung brachte zu Tage, daß ein Großteil der befragten Männer im emotionalen Bereich, hinsichtlich ihrer inneren Entwicklung und ihrer Berufsorientierung Defizite wahrnehmen. Veränderungen zeigen sie im Umgang mit ihren Kindern und in der Partnerbeziehung. Das alte Klischee des "harten Mannes" weicht auf. Auch Männer wollen mehrheitlich Gefühle und Schwächen zeigen.

"Sie finden es nicht peinlich, wenn ein Mann weint", ihre Sexualität "erscheint nicht mehr als isolierter Trieb, sondern als selbstverständlicher Bestandteil ihrer Persönlichkeit. Auf die Partnerin wird Rücksicht genommen" (Metz-Göckel/Müller 1986, S. 148).

Das alte Bild verwischt sich also. Dennoch stellt der "neue Mann" eine geringe Minderheit dar. So klingt das Fazit der Autorinnen der erwähnten Männerstudien skeptisch bis negativ.[29] Auch wenn Männer die Widersprüchlichkeit der heutigen Geschlechtsrollenkonstruktionen erkennen, auch wenn ein Leidensdruck durch die traditionelle Männerrolle spürbar ist, zeigen nur wenige, meist jüngere Männer Anstalten, die Rolle des Mannes in nennenswertem Umfang zu korrigieren. In ihrer negativen Beurteilung sehen die Autorinnen darüber hinweg, daß hinter diesem Festhalten nicht nur die Bewahrung von Privilegien, von gesellschaftlich höher und angenehmer erachteten Positionen, von männlicher Vormachtstellung steht, sondern auch die Angst vieler Männer, das aufzugeben, was ihre männliche Identität bisher nährte und stützte, die Unsicherheit, welche Gestalt eine neue Männerrolle überhaupt annehmen und wie diese ganz konkret im Alltag gelebt werden kann. Daß sich Männer hier in der Regel nicht (sichtbar) bewegen, daß sie sich weiterhin an ihre Ernährerrolle und an ihren Beruf festklammern, hängt wohl auch damit zusammen, daß sie bisher kaum über außerberufliche Selbstkonzepte verfügen.

Die individuelle Suche nach einem neuen Männerbild, nach männlicher Identität bleibt für viele ergebnislos, da ein neues positives Männerbild, das anderen zur Orientierung dienen könnte, nur selten sichtbar gelebt wird, beziehungsweise die schillernde Vielfalt neuer männlicher und vor allem weiblicher Biographien in der postmodernen Industriegesellschaft die Identitätssuche und das Ausbalancieren männlicher Selbstkonzepte eher komplizierter als einfacher macht: Was ist

---

[29] Vgl. Pross 1978, S. 162 ff; Ryffel-Gericke 1983, S. 268 ff.; Metz-Göckel/Müller 1986, S. 15 ff.

denn heute noch "männlich" oder "weiblich"? "Natürlich gibt es (...) weiterhin "typisch männliches Verhalten" (...); natürlich gibt es auch weiterhin Geschichten von harten Männern und männlichem Heldentum, aber die Frage ist: wer kann das in seine individuelle Lebensgeschichte wie übernehmen? Und vor allem, wo wäre traditionell männliches Verhalten denn noch am Platze? Es ist - nicht als herausgebrochenes und aktualisiertes Detail, vielmehr als Handlungszusammenhang - dysfunktional!" (Bonorden 1985, S. 243).

Männlichkeit ist also nicht mehr das, was sie früher einmal war. Viele Brüche und Risse durchziehen das traditionelle Bild des Mannes. Neue Männerbilder werden geboren, vermögen aber für den Großteil der Männer noch wenig Sicherheit, wenig Identifizierungsmöglichkeiten zu bieten.

6.3 Neue Wege - Neue Väter

Einzelne, aber doch zunehmend mehr Väter versuchen in letzter Zeit, den Wandel des Vater- und Männerbildes eher als Chance zu sehen: Als Gewinn für neue väterliche Möglichkeiten; als Abriß von menschliche Entfaltungsmöglichkeiten einengenden sozialen Mauern und Grenzen. Die "neuen Väter", wie sie oft genannt werden, versuchen, neue Wege im Umgang mit ihren Kindern, mit ihren Partnerinnen, mit ihrer Vater- und Männerrolle zu gehen. Damit wird auch angestrebt, den Funktionsverlust wieder zu "füllen", neue, zeitgemäße Bedeutung des Vaterseins aufzuschließen. Was sich darüber hinaus hinter dem Phänomen der "neuen Väter" verbirgt, wird im dritten Teil dieser Arbeit näher beleuchtet.

7. Zusammenfassung

Die Vaterrolle hat sich im Kontext gesellschaftlichen, sozialen und kulturellen Wandels bedeutend verändert. Vom übers "ganze Haus" herrschenden Patriarchen, über den Vater der traditionellen Familie bis hin zum "Vater als verzichtbarem Luxus" zieht sich die Spur der Väter. Damit einher geht die Schwächung seiner Funktionen, seiner Position und seines Einflusses im Familiengefüge. Mit der außenwelt- und berufsorientierten Einstellung der Väter korreliert die Entwicklung der Familie zum Matriarchat: Mit der Mutter als zentraler Bezugsperson, jeweils entsprechend traditioneller Leitbilder und Geschlechtsrollencharaktere. Ryffel-Gerickes Untersuchung zeichnete von den heutigen Vätern ein Bild, das dem Leitbild des traditionellen Vaters, mit einzelnen Abweichungen, im wesentlichen noch entspricht.

Allerdings, und darauf weist die Perzeption von Geschlechtsrollendefiziten hin, gingen die skizzierten sozialen und gesellschaftlichen Veränderungen nicht spurlos an Männern und Vätern vorüber. Widersprüche und Probleme innerhalb der Vater- und Männerrolle werden von Männern zunehmend selbst erfahren und erkannt. Traditionelle und moderne Erwartungen liegen miteinander im Widerstreit. Die Verteilung und Zuweisung von Lebensabläufen, Lebenszusammenhängen und Lebensinhalten nach Merkmalen des Geschlechts lösen sich heute immer mehr auf. Biographien, Bilder von Frauen und - zeitlich hinterherhinkend - auch von Männern werden vielfältiger.

Dies gilt auch für das Bild vom Vater. Die Einheitlichkeit des Begriffs verdeckt und verschweigt die wachsende Vielfalt von Lebenslagen und Situationen, die sich dahinter verbergen, zum Beispiel: Stiefväter, geschiedene Väter, alleinerziehende Väter, uneheliche Väter, Wochenendväter und schließlich auch die "neuen Väter". Daß dennoch idealtypisch von *dem* Vater gesprochen werden kann und wurde, beruht auf der Tatsache, daß ein Großteil der Väter im wesentlichen noch dem Leitbild des traditionellen Vaters entspricht. Und das heißt: Eine starke Fixierung auf die Berufstätigkeit, geringere Bewertung der Vaterschaft und wenig Übernahme von Verantwortung für Pflege, Versorgung und Erziehung der Kinder.

Wenn nun im folgenden zweiten Teil der Frage nachgegangen wird, welche Bedeutung den Vätern bei der geschlechtsspezifischen Sozialisation ihrer Söhne zukommt, dann gilt es, das bisher Skizzierte als Bedingung und Hintergrund familialer Sozialisation im Auge zu behalten: In der Familie als der zentralen primären Sozialisationsinstanz wird durch die Eltern überwiegend noch ein Modell vorgelebt, das ein Verständnis der Geschlechter fördern dürfte, das durch Polarität gekennzeichnet ist. Dabei ist der Vater fast immer den größten Teil des Tages abwesend und setzt "im Dienste der Familie" seine Fähigkeiten vor allem außerhalb ein. Recht selten ist seine Funktion als Haupternährer der Familie durch innovative Formen der Arbeitsteilung abgelöst. Durch die zeitlichen Restriktionen und die bestehende Arbeitsteilung dürfte kaum ein Kind erleben, daß beide Elternteile gleichermaßen in der Familie Verantwortung übernehmen und über entsprechende Kompetenzen verfügen. Der Vater wird als Spielpartner am Feierabend oder Wochenende, weniger aber als ein wärmender, fürsorgender oder pflegender Mann erlebt.

Teil 2:

Die Bedeutung des Vaters bei der geschlechtsspezifischen Sozialisation von Söhnen

1. Vorbemerkungen

Unter dem Begriff "geschlechtsspezifische Sozialisation" werden - unterschiedlich akzentuiert - der Erwerb einer Geschlechtsidentität, die Übernahme von Geschlechtsrollen und von geschlechtsspezifischen Einstellungen und Verhaltensweisen verstanden. Bezogen auf die Jungen wollen Erklärungen zur geschlechtsspezifischen Sozialisation also Antworten auf die Frage geben, wie aus einem Jungen ein Mann wird. In diesem zweiten Teil soll der Frage nachgegangen werden, welche Bedeutung dabei den Vätern bei der Jungensozialisation ihrer Söhne zukommt.

Von den verschiedenen psychologischen und sozialwissenschaftlichen Theorien wird die geschlechtsspezifische Sozialisation zum Teil sehr unterschiedlich erklärt und dargestellt. Drei psychologisch orientierte Theorien, eine soziologisch orientierte und ein theorieübergreifender neuerer Ansatz sollen hier in ihren wesentlichen Zügen nachgezeichnet werden. Besonders fokussiert wird die Darstellung der Funktion und Rolle des Vaters. Eine jeweils anschließende Beurteilung soll vor allem die Erkenntnisse des historisch-soziologischen ersten Teils berücksichtigen: Es soll überprüft werden, ob die einzelnen Sozialisationstheorien mit ihrer jeweiligen Geschlechtsrollenkonzeption, ihren historischen, gesellschaftlichen und sozialen Bildern von Männern und Frauen, Vätern und Müttern sich noch mit den veränderten Bedingungen der Vaterrolle und deren Umfeld in Übereinstimmung befinden.

Darüber hinaus soll geklärt werden, wie die jeweiligen Theorien die Weitervermittlung von Geschlechtsrollen und im besonderen der Vaterrolle über Generationen hinweg erklären. Die historisch-soziologische Betrachtung konnte Aufschlüsse darüber geben, unter welchen gesellschaftlichen, sozialen und strukturellen Bedingungen sich die

Vaterrolle entwickelte. Unklar blieb jedoch, wie diese "Umweltbedingungen" die "Persönlichkeit" einzelner Väter und Männer bestimmen und beeinflussen. Welche Merkmale, Eigenschaften, Einstellungen, Handlungskompetenzen, welche innerpsychischen Prozesse und Zustände, welche Gefühle und Motivationen werden im männlichen Sozialisationsprozeß entwickelt, die dann der eigenen Aktualisierung von Männer- und Vaterrolle zugrundeliegen? Welchen Einfluß nimmt auch darauf der Vater, welche Bedeutung kommt ihm bei der Gestaltung der Vaterrolle durch seine Söhne zu, wie ist die "Reproduktion" traditionell-väterlicher Verhaltensweisen und Einstellungen innerpsychisch erklärbar? Welchen Spielraum lassen darüber hinaus die Theorien zur Geschlechtssozialisation innovativen, veränderten väterlichen Verhaltensweisen, wie sie bei den Männern aus Ryffel-Gerickes Untersuchung ja durchaus in Ansätzen erkennbar waren?

Vorab sollen jedoch noch einige Begrifflichkeiten und ein allgemeineres Vorverständnis dieses zweiten Teils geklärt werden: "Geschlecht" wird hier in erster Linie als soziale Kategorie (engl.: gender) verstanden, die am biologischen Geschlecht (engl.: sex), dem Körper, der Anatomie festgemacht wird. Die Anatomie der äußeren Geschlechtsorgane ist Ausgangspunkt einer Etikettierung als Junge oder Mädchen durch Ärzte oder Eltern, vor oder nach der Geburt. Diese Etikettierung wiederum ist Ausgangspunkt einer differentiellen Sozialisation: zu männlichen und weiblichen Geschlechtsrollen, zu männlicher und weiblicher Identität, zu männlichen und weiblichen Verhaltensweisen und Einstellungen, zu Mann und Frau. Diese werden im wesentlichen kulturell und gesellschaftlich geformt ("Gendering"; vgl. Böhnisch/ Winter 1993). Geschlechtsspezifische Sozialisation ist also nicht biologisch determiniert und kann sich im Zuge historischen, gesellschaftlichen und sozialen Wandels verändern.

Klare Hinweise darauf geben Forschungsergebnisse der Kulturanthropologie[30] und Untersuchungen zu psychischen Geschlechtsunterschieden. Die große Anzahl diesbezüglicher Forschungen wurde in Sammelreferaten von Lehr (1972) und Maccoby/Jacklin (1974) zusammengefaßt und resümiert. Maccoby/Jacklin vermuten zwar in folgenden Bereichen eine biologische Basis für Geschlechtsdifferenzen: Mädchen zeigen bessere verbale Fähigkeiten, Knaben sind bezüglich visuell-räumlicher und mathematischer Fähigkeiten überlegen und sie sind aggressiver (vgl. bei Bilden 1982, S. 783). Lehr kommt dagegen nach einem Überblick über entsprechende Untersuchungen zu dem Schluß: "Angeborene, anlagemäßig bedingte Unterschiede im psychischen Bereich zwischen Jungen und Mädchen, Männern und Frauen gibt es danach nicht. Auf Grund einer kritischen Überprüfung der Resultate empirischer Forschung müssen zahlreiche Vorstellungen über "typisch männliche" und "typisch weibliche" Eigenschaften als Resultat überlieferter Stereotypien betrachtet werden. "Männliches" und "weibliches" Verhalten sind stets als das Ergebnis vielschichtiger Sozialisationsprozesse anzusehen, als das Ergebnis einer Interaktion zwischen Individuum und Gesellschaft" (Lehr 1972, S. 911). Auch Carol Hagemann-White resümiert nach einer kritischen Sichtung, "daß die empirische Forschung keine Belege für eindeutige, klar ausgeprägte Unterschiede zwischen den Geschlechtern liefert" (Hagemann-White 1984, S. 42).

Unter dem Begriff "geschlechtsspezifischer Sozialisation" wird hier - in Anlehnung an die Definition des Sozialisationsbegriffes von Geu-

---

[30] Als klassisches Beispiel gelten die von Margaret Mead beschriebenen Völker der Tschambulis, der Manus und Berg-Arapesh, bei denen Männer und Frauen gänzlich andere Rollen und Verhaltensweisen an den Tag legen als in unserer Kultur. Mead schloß daraus: "Wenn das für gewöhnlich den Frauen zugeschriebene Naturell - Passivität, Zärtlichkeit, Mütterlichkeit - in einem Stamm ohne weiteres als Muster männlichen Verhaltens, in einem anderen als für Mann und Frau in gleichem Maße unzulässig gelten können, besteht überhaupt kein Grund mehr, derartige Verhaltensweisen für geschlechtsbedingt zu halten" (M. Mead 1970, zitiert in Tillmann 1989, S.45).

len und Hurrelmann (1982) - verstanden: *Geschlechtsspezifische Sozialisation ist begrifflich zu fassen als der Prozeß der Entstehung und Entwicklung der "geschlechtlichen Persönlichkeit" als Mann oder Frau in wechselseitiger Abhängigkeit von der gesellschaftlich vermittelten sozialen und materiellen Umwelt.* Um die gesellschaftliche Prozeßhaftigkeit der Konstruktion der sozialen Kategorie Geschlecht im Zusammenspiel von geschlechtshierarchischer Arbeitsteilung und geschlechtsbezogenen Interaktionsformen und Rollensystemen einerseits und deren historische Gewachsenheit andererseits zu betonen, wird von geschlechtsspezifischer Sozialisation in einigen Konzepten auch als "gendering" gesprochen (vgl. Böhnisch/Winter 1993, S. 34 ff.). Die sozialisatorische Entwicklung des Mannseins ergibt sich danach über den sukzessiven und sich über Kindheit und Jugend sozial erweiternden Aufbau von geschlechtsbezogenen Interaktionen, die eben wesentlich durch soziale Gegebenheiten, das heißt hier vor allem durch die geschlechtshierarchische Arbeitsteilung der patriarchal verfaßten Industriegesellschaft bestimmt sind.

Diese Entstehung und Entwicklung der geschlechtlichen Persönlichkeit drückt sich aus im Entstehen und Entwickeln einer "Geschlechtsidentität" und in der Übernahme von "Geschlechtsrollen". "Unter Geschlechtsidentität versteht man: Die überdauernde Erfahrung der eigenen Individualität, des eigenen Verhaltens und der eigenen Erlebnisweisen als eindeutig und uneingeschränkt männlich, als eindeutig und uneingeschränkt weiblich oder als in größerem beziehungsweise kleinerem Maße ambivalent; die Geschlechtsidentität ist die eigene Erfahrung der Geschlechtsrolle, und die Geschlechtsrolle ist die Manifestation der Geschlechtsidentität nach außen" (Money/Ehrhardt 1975, S. 16). Der Begriff "Geschlechtsrollenübernahme" beinhaltet nach Schenk "sowohl die Entwicklung geschlechtsspezifischer Verhaltensweisen als auch den Aufbau einer Geschlechtsidentität" (Schenk 1979, S. 65). Die Übernahme von Geschlechtsrollen korreliert also eng mit der Geschlechtsidentität. Deshalb wird auch von einer "Geschlechtsrollenidentität" gesprochen (Vgl. Lehr 1972, S. 920).[31]

Das Geschlecht als soziale Kategorie ist ein fundamentales beziehungsrelevantes Prinzip aller bisherigen Gesellschaften. Sich selbst in diese Dichotomie einzuordnen, ist für jedes Kind eine lebenswichtige Anpassungsleistung, eine notwendige Aneignung gesellschaftlicher Realität und eine früh an es herangetragene Anforderung. Als Bedingung von Identität erzwingt unsere Kultur eine Selbstzuordnung als Mädchen oder Junge im Unterschied zum jeweils anderen Geschlecht.

2. Theorien zur geschlechtsspezifischen Sozialisation von Söhnen unter besonderer Berücksichtigung der Rolle des Vaters

2.1 Die klassische Psychoanalyse (Sigmund Freud)

Die psychoanalytische Sichtweise zur geschlechtsspezifischen Sozialisation soll hier nach dem Ansatz Freuds dargestellt werden[32]. Bausteine daraus wurden innerhalb der späteren sozialisationstheoretischen Diskussion breit rezipiert und von anderen Sozialisationstheorien adaptiert. Die Theorien wurden Grundlage für vielfältige Modifikationen psychoanalytischer Theorieentwürfe zur Geschlechtssozialisation.

---

[31] Lehr bezeichnet den Prozeß der Entwicklung einer Geschlechtsrollenidentität als Einbeziehung geschlechtsspezifischer Charakteristika in das Selbstkonzept.

[32] Vgl. S. Freud: "Abriß der Psychoanalyse/Das Unbehagen in der Kultur" (1972). "Drei Abhandlungen zur Sexualtheorie" (1961) und "Sexualleben" (Studienausgabe, Bd. V, 1982).

Darstellung

Sigmund Freud lieferte mit der Begründung der Psychoanalyse den ersten systematischen Beitrag zur Erklärung der Geschlechtsunterschiede und deren Entstehen. Zwar wurde die Psychoanalyse von ihm nicht als Sozialisationstheorie entworfen, dennoch ermöglichten ihm die bei seiner therapeutischen Arbeit gewonnenen Erkenntnisse, eine Theorie der psychischen und psychosexuellen Entwicklung des Kindes in den ersten Lebensjahren zu formulieren.

Haupttriebfeder für Entwicklung und Sozialisation ist nach Freud der Sexualtrieb mit seiner Energie, die er als Libido bezeichnet. Auch der Erwerb der Geschlechtsidentität und die Übernahme von Geschlechtsrollen werden von dieser Triebenergie wesentlich beeinflußt, wobei diese eingebettet sind in die Ausbildung von Subjektstrukturen, die Entwicklung der Persönlichkeit, die Freud in seinem Instanzenmodell von Es, Ich und Über-Ich beschreibt.

Die psychosexuelle Entwicklung vollzieht sich nach Freud in mehreren, sich ablösenden Phasen, die er nach den Körperorganen, die jeweils Quelle der erotischen Befriedigung des Kindes werden, als orale, anale und phallische Phase bezeichnet. Später folgen Latenz- und genitale Phase.

Vom zweiten bis zum fünften Lebensjahr erstreckt sich die phallische Phase, in der das Kind Penis beziehungsweise Klitoris als Zentrum des Lustgewinns entdeckt. Der Ausgang der phallischen Phase mit der ödipalen Situation und deren Auflösung ist in Freuds Theorie der Punkt, von dem aus die Entwicklung von Junge und Mädchen nun unterschiedlich verläuft, an dem es zum Erwerb der Geschlechtsidentität kommt. Diese Entwicklung beim Jungen und die Rolle, die der Vater dabei einnimmt, möchte ich mit Freuds eigenen sehr plastischen und eindrücklichen Worten schildern:

"Wenn der Knabe (von 2 bis 3 Jahren an) in die phallische Phase seiner Libidoentwicklung eingetreten ist, lustvolle Empfindungen von seinem Geschlechtsglied empfängt und gelernt hat, sich diese durch manuelle Reizungen zu verschaffen, wird er zum Liebhaber der Mutter. Er wünscht, sie körperlich zu besitzen in den Formen, die er durch seine Beobachtungen und Ahnungen vom Sexualleben erraten hat, sucht sie zu verführen, indem er ihr sein männliches Glied zeigt, auf dessen Besitz er stolz ist. Mit einem Wort: seine früherwachte Männlichkeit sucht den Vater bei ihr zu ersetzen, der ohnehin bisher sein beneidetes Vorbild gewesen war infolge der körperlichen Stärke, die er an ihm wahrnimmt, und der Autorität, mit der er ihn bekleidet findet. Jetzt ist der Vater sein Rivale, der ihm im Wege steht und den er aus dem Weg räumen möchte. Wenn er während der Abwesenheit des Vaters das Bett der Mutter teilen durfte, aus dem er nach der Rückkehr des Vaters wieder verbannt wird, bedeuten ihm die Befriedigung beim Verschwinden des Vaters und die Enttäuschung bei seinem Auftauchen tiefgreifende Erlebnisse. (...) Die Mutter hat sehr wohl verstanden, daß die sexuelle Erregung des Knaben ihrer eigenen Person gilt. Irgendeinmal besinnt sie sich darauf, daß es nicht recht ist, sie gewähren zu lassen. Sie glaubt das Richtige zu tun, wenn sie ihm die manuelle Beschäftigung mit seinem Glied verbietet. (...) Endlich greift die Mutter zum schärfsten Mittel, sie droht, daß sie ihm das Ding wegnehmen wird, mit dem er ihr trotzt. Gewöhnlich schiebt sie die Ausführung der Drohung dem Vater zu, um sie schreckhafter und glaubwürdiger zu machen. Sie wird es dem Vater sagen, und er wird das Glied abschneiden. Merkwürdigerweise wirkt diese Drohung nur, wenn auch vorher und nachher eine andere Bedingung erfüllt ist. An sich erscheint es dem Knaben allzu unvorstellbar, daß etwas

> derartiges geschehen könnte. Aber wenn er sich bei dieser Drohung an den Anblick eines weiblichen Genitales erinnern kann oder kurz nachher ein solches zu Gesicht bekommt, ein Genitale, dem dies über alles geschätzte Stück fehlt, dann glaubt er an den Ernst dessen, was er gehört hat, und erlebt, indem er unter den Einfluß des Kastrationskomplexes gerät, das stärkste Trauma seines jungen Lebens" (Freud 1972, S. 46 f.).

Der Kastrationskomplex wird zum weiteren Motor der psychischen Entwicklung des Knaben. Der Ödipuskomplex, das libidinöse Verlangen nach der Mutter und die Feindschaft zum Vater, wird nun "nicht einfach verdrängt, er zerschellt förmlich unter dem Schock der Kastrationsdrohung" (Freud 1961, S. 159 - 168). Das Ende des Ödipuskomplexes hat weitreichende Konsequenzen:

> "Die Objektbesetzungen werden aufgehoben und durch Identifizierung ersetzt. Die ins Ich introjizierte Vater- oder Elternautorität bildet dort den Kern des Über-Ichs, welchem vom Vater die Strenge entlehnt, sein Inzestverbot perpetuiert und so das Ich gegen die Wiederkehr der libidinösen Objektbesetzung versichert" (Freud, zitiert in Hagemann-White/Wolff 1975, S. 139).

Das Endprodukt dieser Entwicklung ist also die Identifikation des Jungen mit dem übermächtigen Vater, er will nun so sein wie er. Zugleich ist mit dem Über-Ich eine Instanz errichtet worden, in die gesellschaftliche Normen, also auch Normen hinsichtlich der Geschlechterrollen psychisch internalisiert werden. Damit ist der Weg frei für die Übernahme geschlechtsspezifischen männlichen Verhaltens, für die Übernahme der männlichen Geschlechtsrolle, wobei der Vater das erste und entscheidende Modell für Männlichkeit im Gesichtsfeld des Sohnes darstellt.

Beurteilung und Kritik

Um den hier in aller Kürze umrissenen Ansichten Freuds vom Erwerb der Geschlechtsidentität des Jungen gerecht zu werden, muß zunächst gesehen werden, daß Freud ein "Kind seiner Zeit" - historisch wie sozial - war. Freuds Welt war die Welt der bürgerlichen Kleinfamilie, aus der auch seine Klienten kamen, und war geprägt vom Patriarchat, das in Familie und Gesellschaft in voller Blüte stand. Die Zwei-Generationen-Familie, in der Vater, Mutter und mehrere Kinder anwesend sind, die gesellschaftliche Rollenverteilung von Mann und Frau auf Beruf und Familie, traditionelle Geschlechtscharaktere, all das setzte Freud als selbstverständlich voraus. All das schleicht sich seines gesellschaftlichen und historischen Zusammenhangs unhinterfragt in Freuds Theoriegebilde ein.

Am Bild des Vaters und dessen Rolle bei der geschlechtsspezifischen Sozialisation von Jungen wird dies klar ersichtlich: Der Vater ist von der Teilhabe an der Interaktion mit seinen Kindern im wesentlichen ausgeschlossen. In der präödipalen Zeit bestimmt die Mutter-Kind-Dyade völlig den Entwicklungsverlauf. Der Mutter als der pflegenden, fürsorglichen, sinnlich-emotionalen Person steht der Vater als der Abwesende, Strenge, Strafende und Starke gegenüber. Nach Freud sieht der Junge im Vater in seinen ersten Lebensjahren einen zwar attraktiven, aber dennoch lästigen Rivalen, der etwas Unnahbares, schwer Verfügbares behält. Er ist ein Außenstehender, und selbst in der ödipalen Phase ein eher passives Objekt: Die Mutter droht mit ihm, der Junge identifiziert sich mit diesem "Dritten", der unversehens in die erotisierte Mutter-Sohn-Beziehung hereinplatzt.

Wie ist Freuds Darstellung des Vaters, in der sich die sozialen und gesellschaftlichen Verhältnisse seiner Zeit spiegeln, nun aus heutiger Perspektive zu beurteilen? Zunächst ist zu sehen, daß die Psychoanalyse lange Zeit der entscheidende Hemmschuh für die Erforschung der frühen Vater-Kind-Beziehung gewesen ist. Die Bedeutung des Vaters in der vorödipalen Entwicklungsstufe des Kindes blieb relativ lange unbehandelt. "Die Psychoanalyse hat ferner wesentlich mit dazu beigetragen, daß die Maxime von der Exklusivität der Mutter-Kind-Beziehung aufrecht erhalten blieb (...) und die Vater-Kind-Beziehung wurde der Mutter-Kind-Beziehung nicht nur zeitlich, sondern auch bedeutungsmäßig nachgeordnet" (Fthenakis 1985 Bd.1, S. 25.)[33]. Neben diesen Auswirkungen auf Forschung und Theoriebildung, muß aber vor allem bezweifelt werden, ob die Voraussetzungen für einen solchen Untergang des Ödipuskomplexes, wie Freud ihn beschrieb, und somit die Voraussetzungen zum Erwerb der Geschlechtsidentität heute noch in dieser Weise vorhanden sind. Veränderungen im Familienleben, Erziehungspraxis, Geschlechtsrollen im Umgang mit Sexualität, der Autoritätsverlust des Vaters, neue Männer- und Frauenbilder, die Auflösung der rigiden Geschlechtscharaktere, all dies drängt dazu, Freuds Theorie zum Erwerb der männlichen Geschlechtsidentität in Frage zu stellen. Dazu möchte ich zwei Beispiele aus der heutigen psychoanalytischen Praxis anführen:

Ulrike Schmauchs Erfahrungsbericht aus einer Krabbelgruppe zeigt, daß sich die ödipale Konstellation für Jungen heute ganz anders darstellen kann (vgl. Schmauch 1987, S. 105 ff.): Mütter stritten mit dem Vater um Macht, um Teilung der Arbeit, um Sexualität. Mütter trennten sich vom Ehemann und gingen neue erotische Beziehungen

[33] Erst in den 60er und 70er Jahren wurde die Bedeutung der vorödipalen Vater-Kind-Beziehung, auch in bezug auf die Ausbildung der Geschlechtsidentität von Jungen, von einer zunehmenden Zahl von Psychoanalytikern hervorgehoben. In Mahlers Separations-Individuations-Theorie (Mahler 1972) oder im Modell der frühen Triangulation wurde diese neue Sichtweise manifest. Im deutschen Sprachraum brachte Michael Rotmann (1978 und 1984) die Bedeutung des Vaters in der frühen Kindheit in die Diskussion ein.

ein. Die Jungen erlebten die Absetzung beziehungsweise die Ersetzung des Vaters, sie mußten sich auseinandersetzen mit der Abwendung der Mutter, mit der Relativierung der libidinös-sexuellen Bedeutung des Vaters. Dann gab es auch Väter, die Versorgung und Betreuung der Jungen ganz übernommen hatten, während die Mutter arbeitete. Schmauch, die sich des psychoanalytischen Modells bei ihrer Analyse dieser Situation bedient, sieht hier noch keine Klarheit: "Was die ödipale Situation betrifft, so sind mir nur Fragen, kaum Antworten möglich" (ebd., S. 123).

Deutlichere Worte findet der Kinder- und Jugendpsychiater Reinhart Lempp (vgl. Lempp 1989, S. 183 - 186). Lempp führt aus, daß in der modernen Psychoanalyse darüber Einigkeit besteht, daß die ödipale Phase heute wohl schon in den ersten Lebensjahren der Kinder anzusetzen ist, da die Zuwendung des Vaters zum Kind im Gegensatz zur Zeit Freuds schon mit der Geburt einsetzt. Auch von einer Rivalität mit dem Vater um die Mutter kann ernsthaft kaum mehr die Rede sein, da diese heute nicht mehr die passiv Umworbene ist, sondern selbst sich aktiv um Zuwendung bemüht, und selbst bestimmt, wer sie wann und wo lieben darf. Somit sieht die neuere Psychoanalyse die Aufgabe der ödipalen Phase nicht mehr vordergründig in der Übernahme der Geschlechtsrollen, sondern in der Triangulierung, der Herstellung einer Dreierbeziehung, einer emotionalen Beziehung des Kindes mit zwei Erwachsenen. Als problematisch bewertet Lempp allerdings die zunehmende Tendenz einer Art Umkehrung des Ödipuskomplexes, daß nämlich nicht mehr Söhne oder Töchter mit Vätern oder Müttern rivalisieren, sondern daß Väter und Mütter in der Reifezeit der Jugendlichen sich darum bemühen, ihre Söhne und Töchter als solche zu behalten und an sich zu binden. Lempps Fazit angesichts dieser Veränderungen: "Dann paßt eben der klassische Ödipuskomplex einfach nicht mehr in die psychosozialen Gegebenheiten dieser Welt" (ebd., S. 186).

Einer kritischen Betrachtung ist des weiteren Freuds Vorstellung der Identifizierung des Sohnes mit dem Vater und der Internalisierung des Vaters ins Über-Ich wert. Der beschriebene Prozeß der Identifizierung und der Über-Ich-Bildung im Zusammenhang mit einem bedrohlichen autoritären und unterdrückerischen Bild vom Vater ist hervorragend dazu geeignet, unterwürfiges und unterdrückerisches Verhalten, insbesondere eine repressive Sexualmoral, über Generationen weiterzugeben. Angst und Unterdrückung als Motor der Suche nach eigener geschlechtlicher Identität erscheinen mir als schlechte Voraussetzungen für ein Gelingen dieser Suche. Auch die Frage, warum sich der Junge ausgerechnet mit demjenigen identifizieren soll, der ihn gerade bedroht und unterdrückt, erlaube ich mir trotz der einleuchtenden Darstellung Freuds zu stellen. Die Theorie von der "Identifikation mit dem Aggressor" oder der "defensiven Identifikation" scheint mir eher den pathologischen Fällen der Patienten Freuds entlehnt als der Beobachtung "normaler" menschlicher Entwicklung[34].

Abschließend läßt sich folgendes sagen: Freuds großes Verdienst ist es, erstmals ein durchgängiges Konzept der psychosexuellen Entwicklung des Kindes entworfen zu haben, ohne auf einen Geschlechtstypus zurückzugreifen, der biologisch in Hormonen oder Genen verankert ist. Allerdings bedeutet sein Rückgriff auf den "anatomischen Unterschied" als Ausgangspunkt des unterschiedlichen Verlaufs der Geschlechtssozialisation einen Rückfall in eine "Biologie-ist-Schicksal-Haltung". Sein Bild vom Vater und dessen Rolle bei der geschlechtsspezifischen Sozialisation von Jungen kann heute nicht mehr durchgängig aufrechterhalten werden.

PsychoanalytikerInnen und feministische Autorinnen versuchen deshalb (vor allem aber wegen der hier nicht erwähnten frauendiskriminierenden Anteile und der von Freud sehr wirr dargestellten Ge-

---

[34] Darauf weisen auch Ergebnisse empirischer Forschung hin, die belegen, daß vor allem die Maßstäbe für väterliche Wärme mit der Vater-Identifikation von Jungen korrelieren. Vgl. Fthenakis 1985 Bd. 1, S. 313).

schlechtssozialisation von Mädchen) ohne die klassische Lehre des Ödipuskomplexes die frühkindliche Entwicklung, besonders die der präödipalen Phase, zu beschreiben und dabei soziologische Erkenntnisse heutiger gesellschaftlicher Realität zu berücksichtigen. Auf einen solchen Ansatz wird an späterer Stelle eingegangen.

2.2 Lerntheoretische Modelle

Die aus dem Behaviorismus stammenden lerntheoretischen Ansätze beschäftigen sich unter anderem auch mit der Frage, wie es im Verlauf frühkindlicher Sozialisation zum Erwerb geschlechtsspezifischen Verhaltens kommt. Der Erwerb von Geschlechtsrollen und von geschlechtsspezifischem Verhalten wird analog zu den Theorien des sozialen Lernens als sozialer Lernprozeß verstanden. Die beinahe unüberschaubare Menge empirischer Studien zu dieser Problematik konzentriert sich auf die Sozialisationsprozesse in den ersten sechs Lebensjahren des Kindes im Lebensraum Familie, womit Vätern und Müttern ein entscheidender Anteil am Sozialisationsprozeß ihrer Kinder zugesprochen wird.

Darstellung

Im wesentlichen lassen sich zwei Ansätze, die den Erwerb geschlechtsspezifischen Verhaltens als Prozeß sozialen Lernens auffassen, unterscheiden: das "instrumentelle Lernen" und das "Lernen am Modell"[35].

---

[35] Vgl. zum Folgenden: Bandura 1976; ferner die zusammenfassenden Darstellungen bei Schenk 1979 und bei Tillmann 1989.

Das instrumentelle Lernen der Geschlechtsrolle

Die Theorie des instrumentellen Lernens basiert auf der Annahme, daß menschliches Verhalten sich aufgrund positiver oder negativer Verstärkung (das heißt Belohnung oder Bestrafung) durch die Umwelt in eine bestimmte Richtung entwickelt. Auf den Erwerb geschlechtsspezifischen Verhaltens bezogen heißt das: Unter instrumentellem Lernen der Geschlechtsrolle, auch differentielle Sozialisation genannt, "ist jede Form der Andersbehandlung von Jungen und Mädchen durch ihre Umwelt zu verstehen, jeder Ansatz zu einem geschlechtsgebundenen Muster von Belohnungen und Bestrafungen" (Schenk 1979, S. 85). Geschlechtsspezifische Sozialisation von Jungen stellt sich also als eine Art "Konditionierungsgeschichte" dar, in der diese männliches Verhalten entsprechend der Verstärkungen ihrer Umwelt erlernen. Der Vater wird als eine "Umweltbedingung" des Jungen begriffen, der bewußt oder unbewußt durch gezielte oder ungezielte Einflußnahme Verhaltensweisen des Jungen mitbestimmt. Aus der Masse experimenteller Forschungen dazu gehen, trotz ihrer Widersprüchlichkeiten und Problematiken, folgende Aussagen deutlich hervor[36]: 1. Erwachsene haben die Tendenz, unterschiedliche Wahrnehmungen, unterschiedliche Beurteilungen und unterschiedliche Erwartungen bei weiblichen und männlichen Kindern zu bilden. 2. Jungen und Mädchen werden von Geburt an unterschiedlich behandelt. 3. Dabei scheinen Väter deutlicher und auch absichtsvoller auf geschlechtstypisches Verhalten ihrer Kinder zu drängen; bei Müttern ist dies kaum nachweisbar.

Trotz dieser zunächst recht eindeutigen Erkenntnisse warnt Hagemann-White davor, aus der Feststellung von Erziehungsmaßnahmen zu schnell einen Schluß auf entsprechenden Erziehungserfolg herzustellen, "selbst massiver Druck kann auch das Gegenteil seines Ziels

[36] Eine ausführliche Darstellung dieser Untersuchungen soll hier nicht erfolgen. Ich verweise auf die Übersichten bei Schenk 1979, S. 84ff., Lehr 1972, S. 912ff. und Hagemann-White 1984, S. 48ff. V.a. letztere unterzieht die Ergebnisse einer recht kritischen Betrachtung.

bewirken" (Hagemann-White 1984, S. 48). Schenk und Tillmann kommen zu dem Fazit, daß mit dem Konzept des instrumentellen Lernens und der differentiellen Sozialisation zwar für einzelne Bereiche ein Zusammenhang zwischen differentiellen Sozialisationspraktiken und späterem Verhalten aufgezeigt werden kann, daß aber der Aufbau komplexer geschlechtstypischer Verhaltensweisen so nicht zu erklären sei (vgl. Schenk 1979, S. 95 und Tillmann 1989, S. 79).

Das Lernen am geschlechtsspezifischen Modell

Neue Impulse brachte in den 70er Jahren die Weiterentwicklung der instrumentellen Lerntheorie zu einer Theorie des Lernens am Modell durch Bandura (1976). Er wies nach, daß durch Beobachtung und Imitation eines Modells komplexe Verhaltensformen übernommen werden können, ohne der Verstärkung jedes Einzelelements zu bedürfen. Lernen ist hier also Imitation von Vorbildern. Motivierend für die Nachahmung wirkt nicht nur die Belohnung des Beobachters, sondern auch die Belohnung des Vorbilds für sein Verhalten (stellvertretende Verstärkung). Vor allem die Forschungen zum Geschlechtsrollenerwerb erfuhren mit der Theorie des Lernens am Modell neuen Aufschwung, wobei Vater und Mutter als die ersten Modelle und Vorbilder der Kinder in den Mittelpunkt rückten. Der Beobachtung und Imitation von Vater und Mutter als männliche und weibliche Modelle wurden von vielen Sozialwissenschaftlern bei der Übernahme von geschlechtsspezifischen und geschlechtsrollenadäquaten Verhaltensweisen eine zentrale Bedeutung zugeschrieben. Umstritten blieb aber die Frage, wie es dazu kommt, daß Jungen jungenhaftes oder männliches Verhalten häufiger nachahmen, Mädchen dagegen mädchenhaftes oder weibliches Verhalten imitieren, oder anders gefragt, warum Jungen Väter und Mädchen Mütter als Vorbild wählen. Um dies zu beantworten, wurde eine Reihe von Hypothesen entworfen (anaklitische Identifikation, defensive Identifikation, Machthypothese, Ähnlichkeitshypothese[37]), die jedoch die Frage nach der Auswahl des Vorbilds nicht für beide Geschlechter gleichermaßen befriedigend beantworten können.

Welche Bedeutung kommt nun dem Vater zu und welches Bild wird von ihm gezeichnet? Der Vater fungiert in den lerntheoretischen Modellen als Verstärker, als Belohnender oder Bestrafender, und als erstes und wichtigstes Vorbild oder Modell für Männlichkeit, für männliches Verhalten. Als solcher nimmt er eine traditionelle Geschlechtsrolle ein und tradiert diese weiter. Besonders deutlich tritt dies in den Identifikations- und Imitationshypothesen hervor, in denen der Vater als strenge mächtige und bestrafende Figur, die Mutter dagegen als die Wärme und Zuneigung vermittelnde Bezugsperson gesehen wird.

Beurteilung und Kritik

Die beschriebenen lerntheoretischen Modelle arbeiten mit einem sehr reduzierten persönlichkeitstheoretischen Konzept. Innerpsychische Realitäten und ein aktives, reflexiv handelndes Individuum bleiben ausgeklammert, so daß Sozialisation lediglich im Sinne von Sozialisiert-Werden verstanden wird. Auch bleiben gesellschaftliche Hintergründe und soziale Zusammenhänge unbeleuchtet. Im Bereich der geschlechtsspezifischen Sozialisation wird dies besonders augenfällig:

---

[37] Das Konzept der *anaklitischen Identifikation* geht davon aus, daß Kinder Verhaltensweisen der Person(en) nachahmen, die ihnen liebevoll und fürsorgend zugewandt sind. Die auf Freud zurückgehende Theorie der *defensiven Identifikation* beinhaltet die Imitation von Verhaltensweisen einer gefürchteten Person, das heißt, strenge, kühle und zurückweisende Modelle werden mehr nachgeahmt als andere. Nach der *Machthypothese* werden als mächtig erlebte Modelle häufiger nachgeahmt als weniger machtvolle Modelle. Die *Ähnlichkeitshypothese* besagt, daß Kinder aufgrund der Belohnung von geschlechtsadäquatem Verhalten zur Einsicht kommen, wem sie ähnlicher sind und diese Person dann zunehmend imitieren.

Die Geschlechtsrollen von Mann und Frau werden vermeintlich wertfrei in die Konzeption von Lernprozessen integriert, lediglich nach den Mechanismen ihrer Weitervermittlung wird gefragt. In der Forschungspraxis wird mit einem klischeehaften Maskulinitätsparadigma gearbeitet, um Ähnlichkeiten zwischen Vater und Sohn festzustellen, wobei Operationalisierung und Messung von Ähnlichkeiten geschlechtsspezifischen Verhaltens zwischen Vätern und zwei- bis fünfjährigen Söhnen beispielsweise äußerst fragwürdig erscheinen müssen. Kaum berücksichtigt wird ferner das Kriterium der Verfügbarkeit des Modells. Bringt man das Bild vom abwesenden, arbeitenden, am Rand der Familie stehenden Vater in Erinnerung, so stellt sich die Frage, ob gerade diese unverfügbaren Väter zum Modell und Vorbild ihrer Jungen werden können, oder ob nicht andere Modelle imitiert werden, wobei vor allem an die stereotypen Männerbilder in Fernsehen und vielen Kinderbüchern gedacht werden muß.

Abschließend ist festzuhalten, daß die in der Lerntheorie vertretenen Konzepte des instrumentellen Lernens und des Lernens am Modell trotz vieler Unzulänglichkeiten einzelne Mechanismen geschlechtsspezifischer Sozialisation und die Rolle des Vaters dabei erklären können. Theoretisch denkbar ist innerhalb dieser Konzepte durchaus auch eine "neue Vaterrolle", von der möglicherweise Impulse auf die Söhne ausgehen können hinsichtlich einer flexibleren Geschlechtsrollengestaltung und weniger rigidem männlichen Verhalten von Jungen.

2.3 Die kognitive Entwicklungstheorie (Lawrence Kohlberg)

Mit der kognitiven Theorie entwarf Lawrence Kohlberg ein Modell vom Erwerb der Geschlechtsidentität und der Geschlechtsrollenübernahme, das in ein umfassendes ontogenetisches Konzept menschlicher

Entwicklung eingebunden ist, wobei er sich eng an das von Piaget entworfene Stufenmodell kindlicher Entwicklung anlehnte[38].

Darstellung

Kohlberg nimmt an, daß geschlechtsspezifische Verhaltensweisen und Einstellungen, "die fundamentalen sexuellen Attitüden nicht direkt durch biologische Instinkte oder willkürliche kulturelle Normen , sondern durch die kognitive Organisation der sozialen Welt des Kindes in den Dimensionen der Geschlechtsrollen strukturiert werden" (Kohlberg 1974, S. 334). Insofern setzt sich Kohlberg bewußt von psychoanalytischen und lerntheoretischen Konzepten ab: "Geschlechtsrollenkonzepte des Kindes sind das Ergebnis der aktiven Strukturierung der eigenen Erfahrung durch das Kind; sie sind nicht passive Produkte des sozialen Trainings" (ebd., S. 339).

Grob skizziert verläuft der Prozeß der geschlechtsspezifischen Sozialisation nach Kohlberg folgendermaßen: Schon recht früh kann ein Kind erkennen, daß es zwei Geschlechter gibt, und bringt mit dieser Erkenntnis eine erste Ordnung in seine soziale Welt. Etwa mit drei Jahren kann es sich einem Geschlecht zuordnen, allerdings ist diese Zuordnung noch nicht konstant. Mit vier Jahren neigen die Kinder dazu, das Geschlecht nach einigen allgemeinen physischen Kriterien zu bezeichnen, vor allem nach Kleidung und Haartracht. Sie haben bereits eine angemessene Geschlechtsidentität und relativ verallgemeinerte geschlechtstypische Präferenzen und Stereotype erworben, wobei diese noch als egozentrische, nicht aber als allgemeine Bewertungen des Männlichen oder Weiblichen gesehen werden müssen. Mit vier bis fünf Jahren beginnen, sie weitere unterschiedliche Erscheinungsformen von Männern und Frauen festzustellen. Männer erschei-

[38] Vgl. zum folgenden Kohlberg 1974, S. 334 - 461.

nen ihnen größer, kräftiger und aggressiver und werden oft in machtvollen Rollen wahrgenommen (Polizist, Soldat, Feuerwehrmann etc.). Die Konkretheit des Denkens auf dieser Stufe der Entwicklung veranlaßt Jungen und Mädchen, aus diesem Eindruck Stereotype zu entwickeln, nach denen Männlich-Sein mit Stark-Sein, Aggressiv-Sein und Kompetent-Sein, Weiblich-Sein mit Fürsorglich-Sein, Attraktiv-Sein und Nett-Sein gleichgesetzt wird. Das heißt, bevor Kinder eine eigene sichere Geschlechtsidentität besitzen, vertreten sie das Stereotyp der männlichen Dominanz.

Diese Konnotationen zum männlichen und weiblichen Geschlecht haben nach Kohlberg transkulturelle, universelle Gültigkeit: "Im allgemeinen werden Männer in allen bislang untersuchten Ländern konnotativ als aktiver, mächtiger und aggressiver denn Frauen angesehen" (ebd., S. 360). Die Bildung der männlichen Geschlechtsstereotype leitet sich dabei aus der Wahrnehmung körperlicher Größe und Stärke ab und wird unterstützt durch sichtbare Unterschiede in den den Geschlechtern zugewiesenen Rollen: "Mit der Anerkennung der Kinderpflege als einer weiblichen Funktion geht die allgemeine Differenzierung zwischen mütterlichen, häuslichen Funktionen und väterlichen außerhäuslichen Funktion einher" (ebd., S. 360). Die genitalen Geschlechtsunterschiede spielen bei dieser Kategorisierung und Stereotypisierung nach Kohlberg eine geringe Rolle.

Zwischen dem fünften und siebten Lebensjahr erlangt das Kind eine höhere Stufe seiner kognitiven Entwicklung, die Stufe des konkreten Operierens. In dieser Zeit wird das kognitive Realitätsurteil über die eigene Geschlechtszugehörigkeit gefällt. Die kognitive Selbstkategorisierung als "Junge" oder als "Mädchen" ist jetzt konstant und irreversibel. Erst mit dem Erwerb der Geschlechtsidentität beginnt dann bei Kindern die gezielte und bewußte Übernahme geschlechtsspezifischer Verhaltensweisen, Einstellungen und Rollen. Eigenschaften, die zum eigenen Geschlecht gehören, werden als positiv bewertet und aktiv angeeignet, um die "neuerworbene Identität" zu sichern und zu stabilisieren. Inzwischen ist das Kind auch in der Lage, die Gültigkeit der Kategorien "männlich" und "weiblich" über die Altersstufen hinweg zu erkennen. Der Junge weiß jetzt, daß "männlich" sowohl ihn selbst als auch seinen Vater umfaßt, er kann ein Konzept von "wir Männer" bilden. Erst im Zuge der wahrgenommenen Geschlechtsgleichheit mit dem Vater wird der Weg frei zur Identifikation mit dem Vater und zur Imitation von männlichen Verhaltensweisen des Vaters. Sexuelle Identifikationen mit Vätern sind also "primär Derivate der fundamentalen Geschlechtsidentität des Kindes und seiner Selbsterhaltungsmotive - und nicht umgekehrt, wie die Psychoanalyse und die Theorie des sozialen Lernens annehmen" (ebd., S. 344).

Hier treten nun nach Kohlberg verschiedene Mechanismen in Kraft, die das Modell-Lernen fördern oder verzögern: "Die Gefühlswärme des Vaters ruft nicht den Wunsch hervor, maskulin zu sein, sie ermöglicht diesen nur. Der gefühlskalte, angsterregende Vater hemmt den Wunsch des Knaben, den Bereich der Maskulinität zu explorieren, während der warme Vater dem Jungen bei dieser Exploration ein stärkeres Gefühl der Sicherheit gibt" (ebd., S. 451). Dabei kommt es auch umgekehrt zu einer engeren Bindung des Jungen an den Vater: "Der Wunsch, maskulin zu sein, führt zum Wunsch, ein maskulines Vorbild zu imitieren, und dies führt zu einer tieferen emotionalen Bindung an das Vorbild" (ebd., S. 460). Dabei muß sich die Auswahl männlicher Vorbilder durchaus nicht auf den Vater beschränken. Auch Gleichaltrige, Freunde, Lehrer, Männergestalten aus Fernsehen und Büchern können bei der aktiven Selbstsozialisation von Jungen zu Lern-Modellen werden.

Beurteilung und Kritik

Kohlbergs kognitive Theorie zum Erwerb der Geschlechtsidentität und der Übernahme von Geschlechtsrollen erklärt einleuchtend die Erkenntnisleistung eines Kindes, die nötig ist, um überhaupt zu verstehen, was zu der eigenen Geschlechtsrolle gehört. Sie umgeht gleichzeitig das Problem, die Identifikation mit dem gleichgeschlechtlichen Elternteil erklären zu müssen und kann sowohl psychoanalytische Identifikationsprozesse als auch lerntheoretische Imitationsvorgänge verständlich integrieren. Das Kind ist aktives Subjekt seiner eigenen Sozialisation, wobei Geschlechtsidentität und Geschlechtsrollenübernahme Ergebnisse einer aktiven Strukturierung der eigenen Erfahrung und der Selbsteinordnung in die soziale Welt sind.

In diesem Sinne kann man nicht mehr von simplen Vorstellungen abklatschhafter Imitation der Eltern und der Übernahme ihrer Verhaltensweisen ausgehen. Kohlberg macht ferner deutlich, daß den Jungen über ihre Väter hinaus auch andere männliche Personen oder Bilder als Aneignungsobjekte von Männlichkeit dienen können. Unberücksichtigt bleibt auch bei Kohlberg die mangelnde Verfügbarkeit des Vaters der amerikanischen Kleinfamilie, wie Kohlberg ihn vor Augen hat. Wird der "abwesende Vater" in Rechnung gestellt, so kann man wie Helga Bilden zu der Folgerung kommen: "Die theoretische und forschungspraktische Überbetonung der Eltern als prägende Sozialisationsagenten für "sextyping" muß korrigiert werden zugunsten des Arrangements sachlich-sozial teilweise sehr verschiedener Umwelten, des Einflusses der Geschwister, der unterschiedlichen Zugängigkeit von Gleichaltrigengruppen, von Stereotypen in Kinderbüchern und Fernsehen usw." (Bilden 1982, S. 786).

Dem Vater kommt bei Kohlberg in seiner Rolle als Mann bei der Selbstsozialisation des Jungen dennoch Bedeutung zu. Allerdings rückt er mit dieser Bedeutung erst ab dem fünften bis sechsten Lebensjahr des Jungen in dessen Blickfeld. Mögliche frühere Einflüsse väterlicher geschlechtsspezifischer Erziehung kommen bei Kohlberg nicht zum Tragen. Väter spielen also bei der geschlechtsspezifischen Sozialisation von Jungen keine primär aktive Rolle, sondern fungieren als die, die bestimmte förderliche oder hemmende Sozialisationsbedingungen bereitstellen, und als die, die für Jungen "das Männliche" präsentieren.

An dieser Stelle wird Kohlbergs Konzept fragwürdig. Er behauptet, daß die Grundaspekte der Geschlechterrollen universell und transkulturell gültig und stabil seien, anstatt sie als Abbildung historisch gewachsener gesellschaftlicher und kultureller Verhältnisse zu betrachten. Es entsteht der Eindruck, die Inhalte der Konzepte "männlich" und "weiblich" seien ebenso universal wie die kognitive Differenzierung zwischen beiden. Die männliche Körpererscheinung und die damit verbundenen universellen Stereotype werden bei Kohlberg zum Ausgangspunkt einer universellen Geschlechterhierarchie. Damit steht Kohlberg dem Biologismus Freuds in nichts nach. Würde Kohlberg auf seine Universalitätshypothese verzichten, wäre eine adäquatere Perspektive geschlechtsspezifischer Sozialisation möglich: "er könnte die von ihm beschriebenen Stereotypen als wesentlichen Aspekt des ungleichen Geschlechterverhältnisses in gegenwärtigen Gesellschaften beschreiben und damit zugleich Anknüpfungspunkte für soziologische oder auch historische Analysen bieten" (Tillmann 1989, S. 97).

2.4 Die Rollentheorie (Talcott Parsons)

Nach der Ablösung der Hegemonie psychoanalytisch-kulturanthropologischer und behavioristisch-lerntheoretischer Ansätze errang die Rollentheorie eine Schlüsselstellung in der Sozialisationsforschung (vgl. Joas 1982, S. 156). Das strukturfunktionalistische Rollenkonzept Talcott

Parsons' soll deshalb etwas ausführlicher dargestellt werden, da hier erstmals ein Konzept vorgelegt wurde, das die Persönlichkeitsentwicklung explizit im gesamtgesellschaftlichen Kontext analysiert[39].

Darstellung

Sozialisation, auch Geschlechtssozialisation ist für Parsons ein Prozeß, durch den eine gesellschaftliche Formung von Bedürfnisdispositionen erfolgt, die jeweils in konformem Rollenhandeln befriedigt werden, oder einfacher gesagt: Integration des Menschen in die Gesellschaft, vermittelt durch die Verinnerlichung der jeweils herrschenden Werte, Normen und Rollen (vgl. Geulen 1987, S. 962). Parsons' Aussagen zur Geschlechtersozialisation bewegen sich vor allem im Bereich der Familie, wobei er das Modell der nordamerikanischen Kleinfamilie zugrundelegt, deren Kerngruppe das Elternpaar und deren Kinder bilden (vgl. Parsons 1954a, S. 50). Anhand eines Phasenmodells der familialen Sozialisation, das sich in seiner Einteilung eng an die Freudschen Phasen der psychosexuellen Entwicklung anlehnt, skizziert Parsons die Differenzierung der Geschlechter und geschlechtsspezifischen Rollen. Diesen Prozeß versteht er als einen Lernprozeß, er meint, daß "die Kategorisierung menschlicher Personen in zwei Geschlechter (...) außerhalb ihrer somatischen Bezugspunkte nicht biologisch gegeben ist, sondern in ihrer psychologischen Bedeutung vom Kind erlernt werden muß" (Parsons 1952, S. 35). Wichtigste Lernmechanismen beim Prozeß der Übernahme kultureller Werte und sozialer Strukturen sind Identifikation und Internalisierung.

[39] Im folgenden orientiere ich mich an den Aufsätzen Parsons, die alle in "Sozialstruktur und Persönlichkeit" (1968) veröffentlicht sind: "Das Über-Ich und die Theorie der sozialen Systeme (1952)"; "Das Vatersymbol: Eine Bewertung im Lichte der psychoanalytischen und soziologischen Theorie" (1954a); "Das Inzesttabu und seine Beziehung zur Sozialstruktur und Sozialisation des Kindes" (1954b).

Bevor der eigentliche Lernprozeß der Geschlechtsrollendifferenzierung und Geschlechtsrollenidentifikation beginnt, verbringen Kinder die erste Phase ihrer Entwicklung im wesentlichen in der solidarischen Mutter-Kind-Beziehung. Diese ist geprägt durch symbiotische Abhängigkeit des Kindes von der Mutter. In dieser Zeit gibt es noch keine geschlechtsspezifischen Unterschiede im Bewußtsein des Kindes, und in ihr "spielt der Vater für die Kinder beiderlei Geschlechts eine minimale oder wenigstens sekundäre Rolle" (Parsons 1954a, S. 50).

Als Hintergrund für die folgende Phase der "ödipalen Krise" und dem Vorgang der Geschlechtsrollendifferenzierung und -identifikation muß zuvor Parsons' geschlechtsbezogenes Rollenverständnis von Vater und Mutter in der Familie dargestellt werden. Parsons unterscheidet bezüglich der Struktur von kleinen sozialen Gruppen wie der Familie zwischen einer überwiegend "instrumental-adaptiven" und einer mehr "expressiv-integrativen" Funktion innerhalb der Gruppe und ordnet dann die Geschlechterrollen von Vater und Mutter entlang dieser Achse zu. Dies erfolgt in der Form, daß der Vaterrolle die "instrumental-adaptive", der Mutterrolle die "expressiv-integrative" Funktion zufällt. Die "instrumental-adaptive" Funktion der Vaterrolle bezeichnet folgende Aufgaben: Vertretung von gesellschaftlichen Belangen und Bedürfnissen in der Familie und umgekehrt die Einbindung der Familie in die Gesellschaft. Dafür sei der Mann durch seine außerhäusliche Arbeit, seine relative Freistellung von der Kindererziehung, seine große Anzahl von Kontakten zu Menschen außerhalb der Familie und seine stärkere Orientierung an politischen Angelegenheiten der Gemeinde und des Staates primär geeignet. Zu seinen Aufgaben in der Familie gehören Planung und Verwirklichung von Zielen, Wahrung der Disziplin und Bestrafung bei Verstößen gegen geltende Regeln und Befehle. Die "expressiv-integrative" Funktion der Mutter besteht hauptsächlich in der Regelung innerfamiliärer Angelegenheiten: Erziehung der Kinder, Ausgleich von Spannungen, Vermittlung bei Streitigkeiten, Ansprechen von Problemen und dem Geben unbedingter Liebe und Sicherheit, im Gegensatz zum Vater, der die Kinder gerade auch wegen ihrer Leistungen und ihres Gehorsams schätzt und belohnt. Die geschlechtsbezogene Rollenaufteilung, das heißt, "daß die Mutter mehr im Mittelpunkt der Fürsorge für das Kleinkind steht als der Vater, und dementsprechend (...), daß im Durchschnitt die Beteiligung des Vaters an den Angelegenheiten der sozialen Gruppe, die über die Familie hinausreichen, größer und strategisch wichtiger ist, als diejenige der Mutter" (ebd., S. 51), hat für Parsons universellen Charakter, sie tritt in allen Gesellschaften auf (Vgl. ebd. S. 51 und 57 f.) [40].

Der nächsten Phase der Entwicklung des Kindes, der ödipalen Phase, kommt in Parsons' Konzept fundamentale Bedeutung zu. Auslöser der "ödipalen Krisis" ist im Gegensatz zu Freud nicht Kastrationsangst oder Penisneid, sondern "der von beiden Eltern ausgeübte Druck (...), der den Knaben veranlaßt, daß er seine Abhängigkeit von seiner Mutter aufgibt" (ebd., S. 51 f.). An anderer Stelle meint er jedoch, daß es allein der Vater ist, von dem dieser Druck ausgeht. "Damit tendiert der Vater dazu, die höheren Forderungen und Ansprüche, die das Kind erfüllen soll, zu personifizieren und damit ein hohes Maß an Respekt und Autorität zu gewinnen" (ebd., S. 53). Ziel dieser "primären ödipalen Phase" ist es, das Kind in die Familie - also in eine Funktionseinheit, die größer als die des Mutter-Kind-Paares ist - zu integrieren. Die Ablösung aus der Mutter-Kind-Dyade, die Integration in das soziale System Familie und die Entdeckung der "instrumental-adaptiven" Funktion des Vaters und der "expressiv-integrativen" Funktion der Mutter führt nun zur Verinnerlichung der Kategorisierung von Geschlechtsrollen. Die Unterscheidung zwischen männ-

[40] Hier zweifelt Parsons in einer Anmerkung die Forschungsergebnisse Margaret Meads an, die eine völlige Umkehrung der Geschlechterrollen beobachtete. Begründung: die weiblichen Funktionen bei der Fürsorge für das Kind, wobei das Stillen des Kindes eine wesentliche Rolle spielt.

lich und weiblich ist Kindern also erst nach der Auflösung der engen Mutter-Kind-Beziehung und nur anhand der Erfahrung, daß der Vater sich in anderer Weise gegenüber den Kindern verhält als die Mutter, möglich. Infolge der Kategorisierung von Geschlechtsrollen durch das Kind kommt es nun zur Identifikation mit dem gleichgeschlechtlichen Elternteil, zur Verinnerlichung der eigenen Geschlechtsrolle und somit zur Trennung des bisher gemeinsamen Weges von Junge und Mädchen. Der Vater wird dabei "zum Prototyp der 'Männlichkeit'; er ist der männliche Erwachsene, zu dem die Kinder beiderlei Geschlechts den engsten Kontakt und die wichtigste emotionale Beziehung besitzen. Für den Knaben stellt er das unmittelbarste Rollenmodell erwachsener Männlichkeit dar, während er für das Mädchen das männliche Gegenstück zur Weiblichkeit seiner Mutter ist, die das Modell für die eigene Rolle bildet" (ebd., S. 56). Die Orientierung des Jungen bei der Ausbildung seiner Geschlechtsrolle am gleichgeschlechtlichen Elternteil wird entsprechend gesellschaftlicher Rollenerwartungen durch Belohnung oder Bestrafung verstärkt. Im Laufe der Entwicklung wird der Vater für den heranwachsenden Sohn zum "allgemeinen Muster der männlichen Rolle in der jeweiligen Gesellschaft" (ebd., S. 67). Das "allgemeine Muster der männlichen Rolle" entspricht der oben beschriebenen "instrumental-adaptiven" Rolle: Erwerbsarbeit außerhalb der Familie, Beteiligung an politischen Angelegenheiten, Bindeglied zwischen Familie und Gesellschaft und Autoritätsfigur innerhalb der Familie. Die Orientierung an diesem Muster der männlichen Rolle bedeutet in der Folge auch Erlernen und Entwicklung adäquater Verhaltensweisen, die funktional zur "instrumental-adaptiven" Rolle stehen müssen. So wird für Parsons die Differenzierung und Ausbildung von Geschlechtsrollen primär zur Differenzierung und Ausbildung der "instrumental-adaptiven" und "expressiv-integrativen" Rollen. Der Vater übernimmt in diesem Prozeß eine zweifache bedeutende Rolle für den Jungen: diejenige, "... der Rolle des Vaters als Autorität einerseits, durch welche die frühe Abhängigkeit von der Mutter aufgelöst wird und das Kind zur Leistung eines eigenen Beitrags motiviert wird, und andererseits (...) als Rollenmodell im Zusammenhang mit der Übernahme der Geschlechtsrolle durch den Knaben" (ebd., S. 62).

Beurteilung und Kritik

Parsons' Rollentheorie bringt im Gegensatz zu den bisher vorgestellten Ansätzen die vergesellschaftende Seite der geschlechtsspezifischen Sozialisation in weitaus größerem Maße zur Geltung. Parsons geht es darum, den Weg des Menschen von seiner frühesten geschlechtslosen Individualität zum in die Gesellschaft integrierten männlichen und weiblichen Wesen zu beschreiben, wobei Rollen als Verbindungsglieder zwischen Individuum und Gesellschaft fungieren. Mit zunehmendem Alter sieht sich das Kind einer steigenden Anzahl geschlechtsspezifischer Rollenerwartungen gegenüber, die es zu erfüllen hat, um erfolgreiches und zufriedenstellendes Rollenhandeln in der Gesellschaft ausführen zu können. Die Intention Parsons', nach den Bedingungen von Stabilität in sozialen Systemen zu fragen, läßt ihn allerdings in überzogenem Maße die vergesellschaftende Seite des Sozialisationsprozesses betonen, wodurch er Freiheits- und Entscheidungsspielräume der einzelnen Persönlichkeiten völlig idealisierend übergeht. In Parsons' Konzept wird die Möglichkeit einer Rollenum- oder Neudefinition unterschlagen, das "Männliche" wird quasi in einer Rolle institutionalisiert, von der Person des Rollenträgers abgelöst. Damit wird das Erlernen der Geschlechtsrollen lediglich zu einer Weiterführung bestehender Rollen und Rollenverteilungen, neue emanzipatorische Rollendefinitionen sieht Parsons' Modell nicht vor[41].

[41] Lothar Krappmann (1976) versuchte in einer stärker interaktionistisch ausgeprägten Rollentheorie diesen Mangel zu beseitigen: Erfolgreiches Rollenhandeln setzt nach Krappmann eine ständige Balancierung zwischen "personaler" und "sozialer" Identität voraus. Mit der

Ebenso wird damit ein Verständnis von Rollen als abhängig von bestimmten gesellschaftlich-historischen Entwicklungen verhindert. Ganz deutlich wird dies bei Parsons' geschlechtsspezifischer Rollenverteilung in "instrumental-adaptive" Funktion der Männerrolle und "expressiv-integrative" Funktion der Frauenrolle. Parsons führt diese nicht auf den geschichtlichen Prozeß der Aufspaltung von Produktions- und Reproduktionsbereich zurück, sondern letztendlich beruht bei ihm die Universalität des geschlechtsspezifischen Arbeitsteilungsmusters auf bio-sozialen Grundlagen, vor allem dem Gebären, dem Stillen und dem Pflegen auf Seiten der Frauen. Damit werden alle Fragen nach den Ursachen für die geltenden Erwartungen an Männer und Frauen ausgeklammert: Es ist nun mal so.

Parsons' Rollenzuweisung ist für unsere gegenwärtige Gesellschaft zwar dann noch zutreffend, wenn man sie auf die jeweilige immer noch übliche geschlechtsspezifische Zentralrolle beziehungsweise die primäre Rollenidentifikation von Männern und Frauen bezieht, sie wird aber andererseits bereits an vielen Stellen durchbrochen. Vor allem von Frauen, aber auch von einzelnen Männern wird die instrumental-expressive Dychotomie nicht mehr länger mitgetragen. Frauen übernehmen zunehmend ausgesprochen instrumentale Funktionen im Sinne Parsons', Männer beginnen zumindest einmal ihre Defizite im "expressiv-integrativen" Bereich zu erkennen.

Letztendlich ist auch Parsons' Vaterbild in dieser Form nicht mehr zu halten. Der im ersten Teil aufgezeigte Autoritäts- und Funktionsverlust des Vaters weist darauf hin, daß die Vaterrolle im Sinne Parsons' durch vielerlei Einflüsse erodiert ist und die ihr zugeschriebenen Funktionen nicht mehr erfüllt. Weder als Autoritätsfigur noch als "allgemeines Muster" der männlichen Geschlechtsrolle dürfte der

---

Berücksichtigung individueller Einstellungen und Verhaltensweisen wird somit auch ein Abweichen von traditionellen Rollen denkbar, was sich heute tatsächlich in vielen "nicht-traditionellen" Lebensentwürfen junger und zunehmend auch älterer Menschen zeigt.

Vater heute durchgängig bei der geschlechtsspezifischen Sozialisation von Söhnen fungieren.

2.5 Der Ansatz Nancy Chodorows zu einer Theorie der Entwicklung der männlichen Geschlechtsrolle

Seit einigen Jahren versuchen vor allem feministisch orientierte Wissenschaftlerinnen theorieübergreifende Ansätze zur Erklärung geschlechtsspezifischer Sozialisation zu entwickeln. Mit der Verbindung psychologischer und soziologischer Betrachtungsweisen soll eine angeblich wert- und ideologiefreie Forschung und Theorie zurückgewiesen werden, die Geschlechtsunterschiede als einen zeit- und kulturlosen Teil der Ausstattung von Individuen konstatieren. Gleichzeitig soll eine einseitig individualistische und einseitig vergesellschaftende Perspektive überwunden werden.

Der geschlechtsspezifischen Arbeitsteilung in der Familie, die als wichtige Grundlage kapitalistischer Industriegesellschaften gesehen wird, kommt in diesen Theorien zentrale Bedeutung zu. Es wird deutlich gemacht, daß die Welt des Kindes vom Säuglingsalter bis zur Grundschule im wesentlichen von Frauen geprägt ist. Sie übernehmen von der ersten Pflege und Versorgung bis zum Unterricht die erzieherischen Funktionen. Männer, Väter sind in dieser Zeit in der Regel quantitativ und qualitativ weniger oder anders für die Kinder erreichbar. Jungen und Mädchen wachsen also in derselben Umgebung auf, allerdings mit einem bedeutenden Unterschied: Für Mädchen ist diese Umgebung von gleichgeschlechtlichen Erwachsenen geprägt, für Jungen von Erwachsenen des anderen Geschlechts. Welche Konsequenzen dieser Unterschied für die Geschlechtssozialisation von Jungen hat, möchte ich anhand des psychoanalytisch und soziologisch orientierten Ansatzes der Amerikanerin Nancy Chodorow darstellen[42]. Chodorow bedient sich der Objektbeziehungs-Theorie als Grundlage für eine soziologische Anwendung der Psychoanalyse (vgl. ebd. S. 57 ff.). Dabei erhalten die Beziehungserfahrungen der frühesten Kindheit, der präödipalen Phase, wesentlich mehr Aufmerksamkeit als in der klassischen Psychoanalyse Freuds. Chodorows Hauptfrage ist, warum und wie sich Mütterlichkeit, das Muttern der Frauen, wie sie es nennt, als eines der wenigen universellen und beständigen Elemente geschlechtsspezifischer Arbeitsteilung, geschlechtsspezifischer Asymmetrie und Ungleichheit von Generation zu Generation reproduziert. Ihr Blick richtet sich damit zwar mehr auf weibliche Sozialisationsprozesse, dennoch enthält ihr Buch auch erhellende Aussagen zur Geschlechtssozialisation von Jungen und, allerdings weniger deutlich und mehr zwischen den Zeilen, zur Rolle des Vaters. Besonders wichtig für die Fragestellung meiner Arbeit erscheinen mir ihre Überlegungen, warum es Männern so schwerfällt, ebenso zu "muttern", ebenso "mütterliche" Qualitäten zu entwickeln und zu leben wie Frauen. Bei der folgenden Darstellung möchte ich mich, soweit möglich, auf Chodorows Erklärungen zur männlichen Sozialisation beschränken.

Darstellung

Ausgangspunkt dieser Theorie ist die Tatsache, daß in den westlichen Industriegesellschaften die Sorge für die Kinder fast ausschließlich in den Händen von Frauen liegt. Die erste Beziehung eines Kindes ist die zur Mutter, und die Bindung zwischen Mutter und Kind ist intensiv und relativ exklusiv. Die Mutter ist in der Regel die Person, die dem

---

[42] Vgl. im Folgenden: Nancy Chodorow, Das Erbe der Mütter (1985).

absolut hilflosen Säugling Wärme und Nahrung, Geborgenheit und Befreiung von Leid verschafft. Aber auch Entbehrung, Abwesenheit und Schmerz werden in der Einheit mit der Mutter erlebt. Speziell sie, aber auch seine sonstige Umwelt erlebt der Säugling in dieser ersten Zeit noch nicht als getrennt von sich selbst. In dieser "kognitiv-narzißtischen" oder "naiv-egoistischen" Phase wird alles, "was "Nicht-Ich" ist (...) libidinös und kognitiv als Teil des Ich aufgefaßt" (Chodorow 1985, S. 83). Der Säugling erlebt sich in seiner symbiotischen Abhängigkeit mit der Mutter verschmolzen. Dieser "primären Identifikation", in der das Kind auch eine "primäre Liebe" zu seinen engsten Bezugspersonen entwickelt, folgt nach einigen Monaten eine Zeit, in der das Kind anfängt zu lernen, seine Mutter als separates Wesen, als "Nicht-Ich" wahrzunehmen. In dieser Differenzierung liegen die Anfänge des "Selbst" und der Objektliebe. Ermöglicht wird dies durch die physiologische Reifung des Kindes, aber auch durch die wiederholte Erfahrung der Abwesenheit und Rückkehr der Mutter. Die erste Differenzierung des "Selbst" erreicht das Kind also nur durch Frustration seiner Erwartungen an die "primäre Liebe", was folglich auch negative Gefühle ihr gegenüber hervorruft. Somit wird die Beziehung zur Mutter zunehmend von ambivalenten Gefühlen bestimmt: dem Wunsch nach völliger Geborgenheit, dem Gefühl der Hilflosigkeit, der Angst vor dem Verlassensein, dem Zorn über die erlittenen Frustrationen und dem Anreiz, sich aus dieser Abhängigkeit zu lösen. Wie diese Separationsphase, die Individuation des Kindes verläuft, entscheidet mit über den späteren Umgang mit Distanz und Nähe in allen menschlichen Beziehungen. Ein wichtiger Mechanismus dabei scheint die Verdrängung der negativen Aspekte der Mutterbeziehung zu sein.

Das entscheidende Moment der präödipalen Phase ist für Chodorow, daß aufgrund der asymmetrischen Organisation der Elternschaft die erste Liebe des Kindes mit ihren intensiven aber auch ambivalenten Gefühlen einer Frau gilt. Väter spielen zwar bezüglich der Selbst--

Differenzierung, der Objektdifferenzierung und als äußere "Anlehnungsfiguren" für Kinder beiderlei Geschlechts eine große Rolle, doch ist diese Beziehung "weit weniger intensiv und ausschließlich als die zur Mutter und etwas "Besonderes". Aus diesem Grund werden die Repräsentationen der Vaterbeziehung nicht auf die gleiche Weise verinnerlicht und sind nicht im gleichen Maße wie die Repräsentationen der Beziehung zur Mutter ambivalent, verdrängt und in gute und schlechte Aspekte aufgespalten; sie bestimmen auch nicht in gleichem Maß die Identität einer Person und ihr Selbstgefühl" (ebd., S. 128).

Wie kommt es nun zur Geschlechtsdifferenzierung von Jungen und Mädchen in Chodorows Theorieentwurf? Vom Kind aus gesehen, gibt es in der frühen Mutterbeziehung keinen Unterschied zwischen Jungen und Mädchen. Sie entdecken erst später, daß ihre erste Liebe einer Frau gilt und sie Jungen oder Mädchen sind. Dagegen nimmt Chodorow an, daß Mütter bereits in der präödipalen Phase Mädchen als "artgleich", Jungen dagegen als andersartig wahrnehmen und diese auch andersartig behandeln. Sie meint, "daß in Gesellschaften wie der unseren, die männlich dominiert, aber in deren Familien die Väter kaum anwesend sind und wenig am Familienleben und der Kinderaufzucht partizipieren, Männlichkeit und geschlechtliche Verschiedenheit ("ödipale" Themen) mit Fragen der Separation-Individuation (präödipale" Themen) im Leben von Knaben fast von Anfang an miteinander verknüpft werden" (ebd., S. 139). Der Prozeß der Ich-werdung, der Separation wird beim Jungen also sexualisiert. Die Mutter vermittelt dem Jungen seine Andersartigkeit auch dadurch, daß sie ihn stärker dazu drängt, sich gegen sie zu behaupten, sich von ihr zu differenzieren. Diese Situation führt dazu, daß der Eintritt des Jungen in die ödipale Situation früher erfolgt als beim Mädchen. Die ödipale Phase beeinflußt nach Ansicht Chodorows zwar die Entwicklung einer sozialen Geschlechtsidentität, diese ist aber nicht deren zentrales Thema oder Ergebnis. Die besondere Bedeutung des Ödipuskomplexes liegt vielmehr in der Entwicklung unterschiedlicher "Beziehungspotentiale" bei Männern und Frauen (vgl. ebd., S. 216).

Vor diesem bisher dargestellten Hintergrund werden Chodorows differenzierte Gedanken zur Geschlechtssozialisation verständlich: Die Entwicklung des Jungen ist durchgängig eine Geschichte der Separation, der Differenzierung von seiner ersten Liebe, einer Frau. Die allererste Ich-Bildung wird in Abgrenzung gegen die Mutter gezogen. Diese drängt den Jungen stärker als das Mädchen aus der präödipalen Beziehung heraus und zwingt ihn, seine erste Liebe und das Gefühl der empathischen Verbindung zu ihr stärker zu beschneiden. Die ödipale Liebe der Mutter, die sowohl das Versprechen einer ursprünglichen Einheit als auch die Bedrohung des "Selbst", der errungenen Unabhängigkeit und die Furcht vor der Wiederverschlingung enthält, muß vom Jungen durch einen radikalen Schnitt dieser Gefühlsbeziehung überwunden werden.

> "Durch das Muttern der Frauen entstehen also im Lauf des Aufwachsens bei Knaben und Mädchen unterschiedliche Beziehungserfahrungen, die zu bedeutsamen Unterschieden zwischen männlichen und weiblichen Persönlichkeiten und daraus resultierenden Beziehungsfähigkeiten und Beziehungsformen führen, Frauen und Männer entwickeln Persönlichkeiten, die von jeweils unterschiedlichen Grenzerfahrungen und unterschiedlich konstruierten Objektwelten bestimmt werden und mit verschiedenen Beziehungsthemen beschäftigt sind" (ebd., S. 220).

Die "männliche Persönlichkeit" definiert sich (im Vergleich zur weiblichen) stärker durch eine Abgrenzung zur Umgebung, durch Separatheit und Selbständigkeit, und durch die "Isolation des Affekts" (vgl. ebd., S. 219). Das Leben-in-Beziehung-zu(mit) ist in höherem Maße verdrängt, da es stärker als beim Mädchen/der Frau die Bedrohung des männlichen Selbst heraufbeschwört. Somit werden im Laufe der Entwicklung die Beziehungsfähigkeit und das Fühlen und Denken in Beziehungen bei Männern eingeschränkt.

Chodorow führt des weiteren aus, daß diese "männliche Persönlichkeit" durch Identifikationsprozesse bei der Entwicklung der männlichen Geschlechtsidentität und der Übernahme von Geschlechtsrollen zusätzlich verstärkt wird. Auch hier kommt dem "Muttern" der Frauen und dem Fehlen der Väter zentrale Bedeutung zu. Ebenso wie der Prozeß der Ich-werdung in der präödipalen Phase durch Abgrenzung zur Mutter bestimmt ist, ist auch der Erwerb der Geschlechtsidentität des Jungen von Differenzierung, ja Negation charakterisiert. Um sich angemessen männlich zu fühlen, muß ein Junge seine primäre Identifikation mit der Mutter aufgeben, er muß sich als etwas von ihr Getrenntes definieren. Chodorow schildert diesen Prozeß als sehr rigide: Mit der Abgrenzung und Leugnung der Beziehung zur Mutter verdrängt der Junge "die Eigenschaften, die er für weiblich hält, wehrt sie ab und wertet Frauen ebenso ab wie alles, was er in der Außenwelt für weiblich hält" (ebd., S. 235). Der Junge kann seine Geschlechtsidentität somit zunächst nicht positiv, sondern nur über den Umweg der Verdrängung und Abwertung des Weiblichen, also negativ definieren[43]. Hagemann-White schildert diese Vermittlung von Männlichkeit als doppelte Negation: Der Junge definiert sich in seiner Abgrenzung zur Mutter (= Nicht-Mann) selbst als Nicht-Nicht-Mann (vgl. Hagemann-White 1984, S. 92). Die Abwertung des Weiblichen allerdings "befreit den Knaben nicht nur von der Mutter, sondern auch von der eigenen inneren Weiblichkeit" (Chodorow 1985, S. 235). Jungen versuchen dann, auf keinen Fall das zu sein, was Mädchen/ Frauen für sie darstellen. Damit werden, auch bei Jungen vorhandene, "weibliche" Fähigkeiten und Verhaltensweisen verdrängt und ausgegrenzt.

[43] Ein Beispiel für die Alltäglichkeit der Abwertung von Frauen schon bei Jungen bietet Ch. Röhners Bericht aus der Schule (Röhner 1991).

Einer positiven Aneignung von Männlichkeit steht also durch die Abwesenheit der Väter und die weibliche Dominanz im Alltag von Jungen auch das Fehlen affektiv besetzter männlicher Identifikationsobjekte im Weg. "Ein Knabe muß trotz der Ermangelung einer andauernden kontinuierlichen Beziehung zu seinem Vater (und trotz des Fehlens eines kontinuierlich verfügbaren männlichen Rollenmodells) versuchen, eine männliche soziale Geschlechtsidentität und eine männliche Rolle aufzubauen" (ebd., S. 227). Die Identifikationsprozesse von Jungen und das Rollenlernen sind "vergleichsweise weniger oder gar nicht in die Beziehung zum Vater oder zu anderen Männern eingebettet (...). Sie werden deshalb stärker von der Rolle und der Kultur definiert und sind eher abstrakte oder kategoriale Lernprozesse als persönliche Identifikation" (ebd., S. 230). In dieser Situation sind auch die Gründe dafür zu suchen, daß Jungen über die männliche Rolle und über ihre Väter oft realitätsfremde Phantasien und Bilder entwikkeln[44].

Durch das "Muttern" der Frauen und das "Nicht-Muttern" der Männer, durch die weibliche Dominanz im Kindesalltag und die Abwesenheit der Väter entsteht im männlichen Sozialisationsprozeß eine Persönlichkeit, die sich durch Differenzierung von anderen, durch Leugnung, Verdrängung und Abwehr von affektiven Beziehungen, durch eine negative Selbstdefinition von Männlichkeit und eine daraus resultierende unsichere Geschlechtsidentität auszeichnet. Durch das "Männlichkeitstraining, die Verdrängung affektiver Beziehungsbedürfnisse und ihre primär emotionslosen und unpersönlichen Beziehungen in der öffentlichen Welt" (vgl. ebd., S. 253) wird die Herstellung tieferer Beziehungen, auch zwischen Männern, erschwert. Die heterosexuellen Beziehungen zu Frauen erhalten ihre Bedeutung und ihre

---

[44] In diesem Zusammenhang sprechen Hagemann-White 1984, S. 93, vom "imaginierten Vater", Ulrike Schmauch 1987, S. 118f, von einer "Vaterimago".

Dynamik nach Chodorow weitgehend aus der Mutterbeziehung der Männer (vgl. ebd., S. 253).

Letztendlich zeigt Chodorow auf, daß in diesem männlichen und (hier nicht dargestellten) weiblichen Entwicklungsprozeß die Reproduktion der geschlechtsspezifischen und familialen Arbeitsteilung, der asymmetrischen Positionen in der Produktions- und Reproduktionsstruktur, in der Frauen in erster Linie Ehefrauen und Mütter und Männer hauptsächlich Erwerbstätige sind, die Reproduktion der geschlechtsspezifischen Ungleichheit überhaupt begründet liegt (vgl. ebd., S. 224 ff.).

Auf die Rolle des Vaters übertragen heißt das: Durch das Muttern der Frauen und das "Nicht-Muttern" der Männer lernen Männer wiederum ihre Beziehungsfähigkeit zu unterdrücken, ihre Beziehungsbedürfnisse zu verdrängen. Damit wird die "Beziehungsbasis des Mutterns" bei Männern unterdrückt und ihre geringe emotionale Beteiligung am Familienleben vorbereitet. Männer werden so "ohne bestimmte psychische Eigenschaften und Einstellungen ausgestattet (...), die primäre Elternbeziehungen ermöglichen" (ebd., S. 266).

Welchen Ausweg aus diesem Reproduktionskreislauf zeigt Chodorow nun auf? Sie betont zunächst, daß eine bewußte und gezielt nichtgeschlechtsspezifische Erziehung bei gleichbleibender Verteilung der elterlichen Rollen an der geschilderten Entwicklung männlicher und weiblicher Persönlichkeit nichts verändern kann, da geschlechtsspezifisches Verhalten nicht einfach beigebracht, nachgeahmt oder gelernt wird. Dagegen verweist Chodorow mit ihrer Theorie auf den Ort, an dem interveniert werden sollte: "Jede Strategie der Veränderung, die die Befreiung von den Belastungen durch eine ungleiche soziale Organisation des Geschlechts zum Ziele hat, muß sich der Notwendigkeit einer fundamentalen Neuorganisation der Elternschaft bewußt sein, die eine Aufteilung der primären Elternfunktionen auf Männer und Frauen zur Folge haben müßte" (ebd., S. 276). In der Gleichverteilung der

Elternschaft auf Vater und Mutter sieht Chodorow die Chance, den Kreislauf der Entwicklung "männlicher und weiblicher Persönlickeit" mit all ihren Defiziten aufzusprengen. Männer müßten dann weniger um ihre Männlichkeit und die Kontrolle der sozialen und kulturellen Sphäre besorgt sein, Männer könnten ihre Autonomie erhalten, die aus der Differentiation entsteht, ohne daß diese Differentiation rigide und reaktiv sein müßte, Männlichkeit müßte so nicht an die Verleugnung von Beziehungen, an die Isolierung von Gefühlen und an die Abwertung der Frauen geknüpft sein. Männer und Frauen könnten durch die persönliche Verbindung und Identifikation mit beiden Elternteilen beliebige Verhaltensweisen und Aktivitäten wählen, ohne daß dadurch ihre soziale Geschlechtsidentität in Frage gestellt würde (vgl. ebd., S. 280 f.).

Ähnlich äußern sich Hagemann-White und Schmauch: "Positive Aneignung von Männlichkeit würde erfordern, daß der Junge sich an einen Mann anlehnt, der ihm deutlich männliches (was immer wir darunter verstehen mögen) vorlebt. Das wäre dann möglich, wenn Väter in gleichem Maße für das Kind wirklich da wären" (Hagemann-White 1984, S. 92). Das Erleben eines ebenso spielenden als auch fürsorglich arbeitenden Vaters kann dem Jungen ermöglichen, kindliche mit elterlichen, weibliche mit männlichen Elementen in sich zu integrieren. Zudem verbinden sich mit dem Vater dann nicht nur phantastische Projektionen, sondern auch reale Erfahrungen. Der verherrlichenden Hinwendung zum Vater und der Abwertung der Mutter/der Frauen fehlt dann die soziale und psychische Grundlage (vgl. Schmauch 1987, S. 120 f.).

Realistisch sieht Chodorow einer solchen Gleichverteilung der Elternschaft zahlreiche Widerstände entgegenstehen. Eines steht für sie allerdings fest: Eine biologische Grundlage, die das alleinige "Muttern" an die Rolle der Frau bindet, existiert nicht (vgl. ebd., S. 23 - 45). Auch Männer können "Muttern"!

Beurteilung und Kritik

Chodorow zeichnet in ihrer Theorie von der "Reproduktion des Mutterns" (so der übersetzte Titel der Originalausgabe) ein Bild des Vaters, das äußerst blaß, unbedeutend und passiv erscheint. Zeigt sich darin einerseits ihr feministisches Interesse, Entwicklungsprozesse vor allem weiblicher Persönlichkeit, weiblicher Identität und weiblicher Rollen im gesellschaftlichen Zusammenhang zu erklären, spiegelt dieses Vaterbild andererseits die Realität familialer Strukturen wider, innerhalb deren Väter an Pflege-, Versorgungs- und Erziehungsaufgaben von Kleinkindern und Kindern nach wie vor im wesentlichen weniger partizipieren als Mütter. Im großen und ganzen stimmt Chodorows Vaterbild mit dem im ersten Teil herausgearbeiteten Bild vom Vater und Mann überein: berufsorientiert, im Beziehungsgeflecht der Familie eher eine Randfigur, der Familie zeitlich wie emotional wenig zur Verfügung stehend. Anders als bei den bisher dargestellten Sozialisationstheorien kommt den Vätern bei der geschlechtsspezifischen Sozialisation ihrer Söhne eine recht geringe Bedeutung zu. Die "männliche Persönlichkeit" hat ihre Wurzeln in der präödipalen Mutter-Kind-Beziehung, im ödipalen Komplex wird der Vater nicht als der Drohende eingesetzt, der so die Abwendung des Sohnes von der Mutter motiviert. Auch als persönliches männliches Identifikationsobjekt für den Sohn kann der Vater aufgrund seiner Distanziertheit kaum fungieren.

Chodorow macht deutlich, was mit Jungen dadurch geschieht, daß ihre Väter nicht "muttern", nicht ebenso Verantwortung für Pflege, Versorgung und Erziehung übernehmen wie Frauen. Viele Phänomene "männlicher Persönlichkeit" werden durch den von ihr beschriebenen Sozialisationsprozeß verstehbar: männliche Abwehrstruktur, Abwertung von Frauen, emotionale Behinderungen, Beziehungsprobleme, eine unsichere Männeridentität und eine "Negativ-definition" von Männlichkeit, die sich bei der Geschlechtsrollenübernahme und Identitätsbildung von Jungen und Jugendlichen in problematischer Weise bemerkbar macht. Chodorows Theorie von der Entwicklung der "männlichen Persönlichkeit" gibt Aufschluß über die einseitige männliche Normalbiographie, in der Männer sich ihren Familien entfremden und sich stärker in der öffentlichen, außerhäuslichen Sphäre betätigen. Mit ihrer Theorie wird möglicherweise auch die Haltung der Männer aus Ryffel-Gerickes Untersuchung besser verständlich, die angesichts ihrer starken Berufsorientierung und ihrer vernachlässigten Vaterschaft Defizite empfinden, aber dennoch nichts verändern: Eine Veränderung scheitert nicht nur an äußeren Widerständen, sondern vielleicht gerade an der inneren psychischen Struktur einer "männlichen Persönlichkeit", in der die "weiblichen" Fähigkeiten des "In-Beziehung-Lebens" und des "Mutterns" schon frühzeitig verschüttet und verdrängt wurden.

Chodorow gelingt es, die Reproduktion "weiblicher und männlicher Persönlichkeit" aus der historisch entstandenen Asymmetrie der familialen Organisation zu erklären, ohne auf eine biologische Grundlage der Geschlechterdifferenzierung zurückzugreifen. Dabei bindet sie ihre Theorie eng in einen historischen und gesellschaftlichen Kontext, der geprägt ist von der Ungleichheit der Geschlechter. Allerdings erscheint mir ihre gesellschaftliche Analyse hier etwas zu grob. Veränderungen in der Organisation der Elternschaft, die Zunahme alternativer Familienstrukturen, Berufstätigkeit von Müttern, organisierte Kinderbetreuung, all das dürfte auch an Mutter-Kind-Beziehungen nicht spurlos vorübergegangen sein, wird aber von Chodorow nicht berücksichtigt.

Im Widerspruch zu Chodorows Ansicht, daß gerade Söhne von ihren Müttern frühzeitig aus der engen Mutter-Kind-Beziehung hinausgedrängt werden, stehen zahlreiche Gesprächsprotokolle von Männern, die Barbara Franck zu deren Mutter-Sohn-Verhältnis aufgezeichnet hat (vgl. Franck 1981):

> "Meine Mutter ist die wichtigste Frau meines Lebens" (S. 17).

> "Meine Mutter ist der Uralp meines Lebens, sie sitzt wie eine Eule auf meiner Schulter und guckt immer zu" (S. 56).

> "Ich war weit davon entfernt, ein selbständiger Mensch zu sein. Ich war aus einer Mutterbeziehung in die nächste gestolpert" (S. 87).

Schon aus diesen wenigen Gesprächsfetzen geht hervor, daß die Separation der Jungen von der Mutter in vielen Fällen im Grunde noch nicht oder nur unzureichend vollzogen wurde. Franck begründet dies mit der engen Mutter-Kind-Beziehung in den "vaterlosen Familien". Söhne werden hier zum Mann-Ersatz, so daß gerade das Hinausdrängen, wie Chodorow es beschreibt, nicht stattfindet (vgl. dazu auch die Aussagen Lempps zum "umgekehrten Ödipuskomplex"). Ähnlich auch Schmauch (1988), die das klassische Mutter-Sohn-Paar in Kindertherapie und Erziehungsberatungsstellen *auch* als Beleg dafür ansieht, daß die wechselseitige Abgrenzung in dieser Beziehungskonstellation nicht selten mit Schwierigkeiten verknüpft ist. Auf die psychopathologischen Auswirkungen der Mutterdominanz und der Abwesenheit der Väter machen Jochen Stork (1989) und Horst Nonnenmann (1990) aufmerksam: Die Erfahrung zeigt, "daß bei psychisch kranken Menschen sehr häufig eine übergroße Nähe zu den Mutterbildern besteht und die Vaterbilder mehr oder weniger unbedeutend sind" (Stork 1989, S. 155).

Bruchstückhaft bleiben Chodorows Ausführungen darüber, wie ihre Forderung nach gleichbeteiligter Elternschaft durchgesetzt werden kann. Mit dieser Forderung gerät man einerseits in politische, wirtschaftliche und arbeitsmarktpolitische Dimensionen; andererseits bleibt die Frage offen, wie Männer, auch wenn sie nach Ansicht Chodorows genauso gut "muttern" können wie Frauen, nach bereits genossener langjähriger männlicher Sozialisation mit all den von ihr beschriebenen Attitüden auf einmal ihre Sozialisation hinter sich lassen und anfangen sollen, zu "muttern". An dieser Stelle wird letztendlich die Langwierigkeit entsprechender Veränderungen von Männern hin zur engagierten Vaterschaft, zum "neuen Vater", offensichtlich.

3. Ergebnisse der empirischen Forschung zum Einfluß des Vaters auf die geschlechtsspezifische Sozialisation von Söhnen

Ein Überblick über die empirische Forschung zum Einfluß des Vaters auf die geschlechtsspezifische Sozialisation von Söhnen zeigt eine verwirrende Vielzahl von Ergebnissen, deren Interpretation nur bedingt einige vorsichtige Schlüsse zuläßt. Fthenakis (1985) weist in seinen beiden Sammelbänden zur Vaterforschung auf diese Lage hin: "und es erweist sich zur Zeit als außerordentlich schwierig, zu den vielen die Entwicklung geschlechtsrollenspezifischen Verhaltens bei Jungen und Mädchen beziehungsweise den diesbezüglichen differentiellen Beitrag des Vaters betreffenden Fragen ein konsistentes Bild zu vermitteln" (Fthenakis 1985, Bd.1, S. 307). Hintergrund dieser Misere bilden die theoretischen und praktischen Grundlagen, Methodik und Anlage, Auswertung und Interpretation der meisten Untersuchungen. So haben wissenschaftliche Theorien, die wie ansatzweise die Psychoanalyse, die Theorie der kognitiven Entwicklung oder die strukturell--funktionalistische Rollentheorie einen systematischen männlichen Entwicklungs- und Sozialisationsverlauf konzipiert haben, kaum Eingang in die empirische Forschung gefunden. Theoretischer Hintergrund einer Großzahl von Untersuchungen waren lerntheoretische Paradigmen, wonach Korrelationen zwischen dem Vaterverhalten und dem geschlechtstypischen Verhalten von Söhnen gesucht wurden. Solche eindimensionalen kausalen Zusammenhänge werden von Hagemann--White in Frage gestellt, da innerfamiliale Sozialisationserfahrungen nur sehr schwer von Erfahrungen außerhalb der Familie und in den Medien abgrenzbar sind (vgl. Hagemann-White 1984, S. 48 - 63).

Äußerst fragwürdig erscheint mir auch die Konstruktion und Anwendung psychologischer Maskulinitäts- und Femininitätstests als praktische Grundlage vieler Untersuchungen. Häufig werden die Folgen einer nicht gelungenen Entwicklung zur Männlichkeit negativ bewertet, wobei die dahinterstehende Männerrolle nie in Frage gestellt wird. "Es geht nicht um die Inhalte des Konzepts von "Maskulinität", sondern um die negativen Folgen für die Persönlichkeitsentwicklung, wenn die Standards für Maskulinität nicht verinnerlicht werden" (Schenk 1979, S. 167).

Vor diesem recht unsicheren Hintergrund nun einige Ergebnisse, für die eine hinreichend empirische Evidenz vorzuliegen scheint[45]. "Maßgeblich für eine Beeinträchtigung der Entwicklung einer männlichen Identität bei den Söhnen scheint Passivität des Vaters innerhalb des familiären Rahmens zu sein" (Fthenakis 1985 Bd.1, S. 323). Das väterliche Sorgeverhalten stellt eine weitere wichtige Variable für die Geschlechtsentwicklung des Jungen dar: "Generelle Merkmale der Vater-Sohn-Beziehung, wie Warmherzigkeit und Aufgeschlossenheit scheinen eine stärker prägende Kraft zu haben als die sogenannte "Männlichkeit" des Vaters" (ebd., S. 323). Forschungen über die Auswirkungen der Abwesenheit des Vaters (bedingt durch Krieg, Tod, Scheidung, Berufstätigkeit) auf die Geschlechtsrollenentwicklung des

[45] Die einzelnen Untersuchungen zu den folgenden Ausführungen sind aufgeführt bei Fthenakis 1985, Bd. 1, S. 306 - 324, S. 349 - 358 und Bd. 2, S. 106 f.

Jungen geben "keine Hinweise darauf, daß die Vaterabwesenheit die Annahme der männlichen Geschlechtsrolle durch den betroffenen Jungen verhindert" (ebd., S. 349). Allerdings geben mehrere Untersuchungen der Vermutung Nahrung, daß bei langer oder dauernder Vaterabwesenheit männliche Identität und männliches Selbstkonzept der Jungen weniger ausgeprägt sind, in anderen Fällen sehr oft mit überbetont männlichen Verhaltensweisen kompensiert werden[46]. Fthenakis weist darauf hin, daß die Auswirkungen der Vaterabwesenheit mit dem Zeitpunkt der Trennung, der Verfügbarkeit von Surrogaten, der sozioökonomischen Schicht, der Kultur und dem Einfluß der Mutter stark varriieren können. Interessante Aufschlüsse geben auch die, leider noch wenigen, Untersuchungen über die Entwicklung der Geschlechtsrollen bei Söhnen alleinerziehender Väter:

> "Mit einem höheren väterlichen Engagement in sogenannten "nichtmännlichen" Aktivitäten ist auch heute noch die Befürchtung verbunden, daß die Söhne "verweiblichen". Weder Untersuchungen über stark beteiligte Väter in vollständigen Familien, noch die mehr anekdotischen Berichte aus Familien mit einem alleinerziehenden Vater, der zwangsläufig vermehrt "weibliche" Aktivitäten übernehmen muß, konnten diese Befürchtung bestätigen. (...) Ausschlaggebend scheint zu sein, wie souverän ein Elternteil nichttraditionelle Rollenmuster ausübt. Wenn ein Vater "weibliche" Aktivitäten übernimmt, ohne die Befürchtung zu haben, daß diese seiner Männlichkeit Abbruch tun, wird der Sohn kaum Schwierigkeiten haben, sich mit seinem Vater zu identifizieren und eine männliche Orientierung zu entwickeln" (Fthenakis 1985 Bd.2, S. 106 f.).

[46] Vgl. dazu Lehr 1972, S. 935.

Abschließend noch ein paar Worte zur bisherigen Forschung: Die Problematik der Operationalisierung von Untersuchungen zum bearbeiteten Thema und die Problematik der Interpretation der erzielten Ergebnisse wurden bereits angedeutet. Besonders die Definition von "Männlichkeit" nach dem Muster eines traditionellem Geschlechtscharakters (mit Eigenschaften wie Aggressivität, Durchsetzungsfähigkeit, Dominanz, Aktivität und Unabhängigkeit) und eine entsprechend negative Bewertung beim Fehlen solcher Eigenschaften müssen aus einer kritisch-männlichen Perspektive heraus hinterfragt werden. Zukünftige Forschungen sollten sich zunächst einer Neu-Definition von "Männlichkeit" widmen, die Platz läßt für traditionell "weibliche" Eigenschaften und Verhaltensweisen. Darüber hinaus sollte sich die Vater-Sohn-Forschung einer stärker systemisch orientierten Sichtweise bedienen, um nicht von vornherein wichtige Einflüsse ganz anderer Personen, Gruppen und Umwelten auszuschließen. Die Komplexität solcher Untersuchungen ist allerdings ersichtlich und erschwert deren Realisierung. Angesichts dessen erscheinen mir Erfahrungsberichte aus konkreten pädagogischen und psychologischen Arbeitsfeldern, wie Schmauchs Bericht und Interpretation vom Leben von Jungen, Mädchen und deren Eltern in einer Krabbelstube, bedeutend konkreter, ergiebiger und realitätsnäher als sorgfältig ausgetüftelte Experimente in einer künstlichen Umgebung.

4. Zusammenfassung, weitere Aspekte und Überleitung

Der Mann bleibt weiterhin in seiner Rolle als geschlechtsspezifisches Identifikationsobjekt unersetzbar. So lautete ein Fazit des bereits erwähnten Aufsatzes von Scharmann und Scharmann (siehe dort S. 286), die in dieser Rolle des Vaters eine der wichtigsten Vaterfunktionen sehen. Ausgangspunkt vom zweiten Teil war deshalb die Frage, welche Bedeutung verschiedene Theorien zur geschlechtsspezifischen Sozialisation dem Vater hierbei zuerkennen, welches Bild vom Vater dabei entworfen und eingesetzt wird, und die Frage, ob diese Vaterbilder aus den im ersten Teil herausgearbeiteten gesellschaftlichen, sozialen und familialen Bedingungen dem heutigen Bild des Vaters und Mannes entsprechen.

Es wurde deutlich, daß dem Vater im psychoanalytischen, im lerntheoretischen, im kognitiv-entwicklungstheoretischen und im rollentheoretischen Modell bei der geschlechtsspezifischen Sozialisation von Söhnen - auf unterschiedliche Art und Weise - entscheidende Bedeutung beigemessen wird. Alle dargestellten Theorien, von Freud bis Chodorow, arbeiten mit einem traditionellen Vaterbild, nach dem entsprechend traditioneller Geschlechtscharaktere und traditioneller Geschlechtsrollenverteilung der Vater nicht primär für Pflege, Versorgung und Erziehung von Kindern zuständig ist, sondern stärker familienabgewandt, berufs- und außenweltorientiert ist. Dieses Bild entspricht in seinen Grundzügen dem im ersten Teil dargestellten Bild einer großen Mehrzahl von Vätern, wobei einzelne Züge wie die des strengen, autoritären und drohenden Patriarchen heute nicht mehr durchgängig aufrecht zu erhalten sind. Problematisch erscheint mir, daß sowohl die wenigen engagierten Ausnahmeväter als auch die veränderte Rolle der Frau in unserer Gesellschaft, überhaupt jeglicher Wandel der Geschlechtsrollen, kaum oder nur unzureichend theoretisch berücksichtigt und erfaßt werden. Völlig fehlt darüber hinaus die theoretische Aufarbeitung der Auswirkungen, die die Verwirklichung nichttraditioneller Geschlechtsrollen in der Familie auf die geschlechtsspezifische Sozialisation zeigen könnten. Lediglich Chodorow prognostiziert, allerdings aus rein theoretischer Perspektive, mit der Aufhebung der Asymmetrie der Familienarbeit die Auflösung der starren "männlichen" und "weiblichen Persönlichkeit" und damit der gesellschaftlichen Ungleichheit der Geschlechter.

Auch die Abwesenheit des Vaters und ihre Auswirkungen auf die Geschlechtssozialisation von Jungen findet allein bei Chodorow, hier aber als zentrales Argumentationsstück, ihren Niederschlag. Sie ist es auch, die den Vater in seiner Bedeutung als Identifikationsobjekt, als Modell oder Vorbild von Männlichkeit für den Sohn relativiert und hier mehr außerfamiliale Einflüsse geltend macht, wogegen die übrigen Theorien dem Vater in dieser Funktion sehr hohen Wert beimessen, der jedoch in der familialen Realität und dem väterlichen Engagement kein Gegenstück erfährt. Ferner gelingt es nur Chodorow überzeugend, ihre Sozialisationstheorie bewußt in einen konkreten gesellschaftlichen und sozialen Hintergrund und Zusammenhang einzubetten: Geschlechtsrollen und Geschlechtscharaktere werden als Abbildung historisch gewachsener Verhältnisse und daraus resultierender Sozialisationsprozesse, nicht aber als Produkte universeller männlicher oder weiblicher Biologie und Anatomie, beziehungsweise eines universellen männlichen oder weiblichen Wesens, betrachtet. Die hieraus resultierende prinzipielle *Möglichkeit* eines Geschlechtsrollenwandels und die *Notwendigkeit* einer neuen Rolle des Vaters, der ebenso Verantwortung und Engagement in der Pflege, Versorgung und Erziehung seiner Kinder wie die Mutter übernimmt, postuliert letztendlich allein Chodorow.

Der zweite Fragenkomplex, der sich einleitend an die verschiedenen Sozialisationstheorien wandte, war darauf ausgerichtet, Hinweise auf die innerpsychischen Bedingungen von Männern zu erhalten, die zur Realisierung der Vaterrolle im Stile des traditionellen Vaters führen und wiederum hier nach dem Einfluß des eigenen Vaters auf die Entwicklung solcher innerpsychischen Bedingungen zu fragen. Zunächst ist festzustellen, daß mit Ausnahme von Chodorow keine der dargestellten Theorien darauf abzielt, die innerpsychischen Grundlagen speziell der Vaterrolle und deren Entstehen zu erklären. *Warum* Männer ihre Vaterschaft gerade in der Weise und nicht anders aktualisieren, erscheint lediglich so verstehbar zu sein, als daß deren Modelle, Vorbilder oder Identifikationsfiguren, also die eigenen oder auch andere Väter, eben genauso gehandelt haben. In Parsons' strukturfunktionalistischer Rollentheorie wurde dies besonders deutlich: Da die "instrumental-adaptive" Funktion im Familiensystem dem Mann zugedacht wird, ist das Ziel des Sozialisationsprozesses des Sohnes die Übernahme ebenderselben Funktion. Bewußt oder unbewußt arbeiten alle Modelle mit dem Bild des traditionellen Vaters, und darin ist wohl auch der Hintergrund für die Tatsache zu suchen, daß aus deren Perspektive die Söhne eben nicht gänzlich "anders" werden können als ihre Väter. Am ehesten läßt noch Kohlbergs kognitive Entwicklungstheorie Raum für eine Veränderung der männlichen Geschlechts- und Vaterrolle (obwohl Kohlberg selbst dies nicht vorgesehen hat), da hier das Individuum selbst im Austausch mit seiner Umwelt aktiver Gestalter seiner Persönlichkeit, also eine Art Selbstsozialisierer wird. Daß allein Chodorow als einzige Frau unter den übrigen Sozialisationstheoretikern die Notwendigkeit einer neuen Vaterrolle postuliert, darauf wurde bereits hingewiesen.

Ich möchte noch auf drei Aspekte hinweisen, die im Kontext des zweiten Teils stehen, von den dargestellten Theorien aber kaum oder gar nicht erfaßt werden:

1. Im ersten Teil kam zutage, daß Vater- und Männerrolle heute zahlreichen Widersprüchen ausgesetzt sind, die sich in Irritation und

Verunsicherung väterlicher und männlicher Identität niederschlagen. Keine der dargestellten Theorien bezieht dieses Phänomen in ihr Konzept mit ein. Bei Chodorow folgt zwar eine unsichere männliche Identität als Resultat des "Mutterns" der Frauen und des männlichen Sozialisationsprozesses. Es bleibt aber unklar, ob und wie sich ein "Vater mit verunsicherter Geschlechtsidentität" auf den geschlechtsspezifischen Sozialisationsprozeß seines Sohnes auswirkt.

2. Die dargestellten Theorien beschränken ihre Aussagen zur geschlechtsspezifischen Sozialisation und der Rolle des Vaters dabei im wesentlichen auf die Phase der (frühen) Kindheit. Geschlechtsspezifische Sozialisationsprozesse laufen aber während des ganzen männlichen und weiblichen Lebens ab. In allen Lebensaltern und Lebensabschnitten menschlicher Entwicklung stellt sich die Aufgabe, Geschlechtsrollenidentität herzustellen, neue Geschlechtsrollen (wie etwa die des Vaters) zu übernehmen, diese auszufüllen und männliche Identität zu gestalten.[47] Helga Bilden zählt für das Jugendalter einige solche "Entwicklungsaufgaben"auf:

"- Integration der körperlichen Veränderungen der Pubertät in ein integres geschlechts(rollen)adäquates Selbstbild;
- Vorbereitung auf die gesellschaftliche Arbeit als Erwachsene (Mann oder Frau);
- psychische, emotionale und ökonomische Ablösung von den Eltern; alle diese Vorgänge stehen unter dem Imperativ der

---

[47] Vgl. Lothar Krappmanns Ansatz zur Rollenidentität beziehungsweise zur Balance zwischen sozialer und personaler Identität. Identität im Sinne Krappmanns ist nicht etwas Statisches, sondern befindet sich in einem lebenslangen Prozeß. Entwicklungspsychologische Theorien trugen der Erkenntnis der lebenslangen Entwicklung/Sozialisation mit der Konstruktion einer "life-span-development-psychology" in Theorie und Forschung Rechnung. Vgl. dazu etwa: Filipp 1981, Kritische Lebensereignisse; Oerter 1978, Entwicklung als lebenslanger Prozeß.

- Entwicklung einer Geschlechtsidentität im Rahmen (?) der kulturellen Geschlechtsrollen" (Bilden 1982, S. 803).

Für junge Männer stellt sich die Aufgabe einer Suche nach *eigener* männlicher Identität. Beziehungsformen, Sexualität, Partnerschaft, Gestaltung von Lebensformen, Ausbildungs- und Berufswahl, Familiengründung und Vaterschaft - all diese Punkte sind auch mit der Kategorie Geschlecht verbunden, sind weitere Schritte zur geschlechtsspezifischen Sozialisation. Ob und wie in diesen Phasen die eigene Geschichte mit dem Vater oder auch der Vater selbst noch aktiv Einfluß auf die Söhne nimmt, ob der Vater selbst Modell wird für die eigene Gestaltung von Vaterschaft, ob der Vater ein Vorbild oder auch "Anti-Bild" für partnerschaftliche Beziehungen, Umgang mit Sexualität liefert, all diesen Fragen ist sowohl theoretisch als auch empirisch kaum nachgegangen worden. Aufschlüsse darüber geben am ehesten noch psychoanalytische Fallberichte oder die Versuche einiger Männer, literarisch der Spur des Vaters im eigenen Leben nachzugehen[48]. Möglicherweise gibt für diese spezielle Fragestellung der Ansatz einer soziobiographischen Lebenslaufforschung, innerhalb derer die Frage nach der Rolle des Vaters bei der geschlechtsspezifischen Sozialisation auch über die Kindheit hinaus ihren Platz finden kann, konkretere Aufschlüsse und Erkenntnisse.

3. Die besondere Problematik der Geschlechtssozialisation von Jungen und die damit zusammenhängenden Schwierigkeiten werden von den hier dargestellten Theorien kaum, von Chodorows Ansatz noch am stärksten gesehen und berücksichtigt.

Der Forschungsstand einer "anderen", einer "kritischen" Perspektive der Sozialisation von Jungen ist noch äußerst defizitär (vgl. Prengel

---

[48] Vgl. dazu die Übersichtsartikel von: Peter Meier 1984, Väter in der Gegenwartsliteratur; und von: Heinrich Vormweg 1989, Ein kleines Ensemble von Grabmälern. Die Vaterbilder in der neueren Literatur.

1990). Die Frauenforschung sah Jungen in der familiären, schulischen und gesellschaftlichen Sozialisation im Vergleich zu Mädchen zumeist bevorteilt. Schmauch (1987) kritisiert diese Tendenz der Idealisierung männlicher Sozialisationsprozesse (zum Beispiel bei Scheu, Belotti, Schultz). Für sie selbst bedeutet die Benachteiligung von Mädchen nicht gleichzeitig Vorteile für Jungen!

Erst in den letzten Jahren erhielt die besondere Problematik der geschlechtsspezifischen Sozialisation von Jungen, ihre Schwierigkeiten bei der Suche nach männlicher Identität und einer angemessenen Ausfüllung männlicher Rollen mehr Aufmerksamkeit. Neuere Sozialisationstheorien und Gedanken aus einer spezifischen, kritischen Männerperspektive trugen zu dieser veränderten Sichtweise bei. Mittlerweile fand diese Sichtweise auch Niederschlag in der wissenschaftlichen Literatur (Sielert 1989, Willems/Winter 1990, Winter/Willems 1991, Böhnisch/Winter 1993).

Was heißt es überhaupt, ein Junge zu werden? Zunächst bedeutet es, in eine gesellschaftliche Position hineinzuwachsen, die im Vergleich zu Mädchen und Frauen mehr Macht und Ansehen verspricht. Jungen bewegen sich sehr ausgreifend im Raum, verfügen in großem Umfang über Sachen, binden die Aufmerksamkeit der Erwachsenen über lange Zeit an sich, teilen ihre Interessen und Bedürfnisse hörbar und sichtbar mit, sind durchsetzungsfähig und kämpferisch. Diese Gewinnseite der Lebensweise von Jungen hat aber auch ihre Verlustseite: Jungen werden fast doppelt so oft bei Verkehrsunfällen verletzt oder getötet, sterben mehr als doppelt so oft durch Suizid und leiden mehr an Krankheiten als Mädchen (vgl. Statistisches Bundesamt 1989). In Schulen zeigt sich diese Kehrseite in den schlechteren Leistungen und in der großen Zahl von Verhaltensauffälligkeiten und Verhaltensstörungen von Jungen. Deren Situation in unserem Bildungswesen beschreibt Annedore Prengel als außerordentlich widersprüchlich: "Sie beinhaltet Potentiale und Defizite, Gewinnseiten und Verlustseiten, Privilegien und Destruktivität. Der lebensfrohen Selbstverwirklichung und raumgreifenden Dominanz auf der einen Seite stehen Selbstzerstörung und Verleugnung ganzer Persönlichkeits- und Realitätsanteile gegenüber. Solidarität im Männerbund ist zugleich durchzogen von verletzenden, auch vernichtenden Kämpfen und Feindschaften, zumindest aber von Schroffheit, Coolness, Härte zwischen den Jungen" (Prengel 1990, S. 40).

Jungen bekommen also recht schnell zu spüren, daß die männlichen Rollenanforderungen hoch und spezialisiert sind. Junge zu sein heißt, erst noch ein "richtiger Mann" zu werden und sich noch sehr anstrengen zu müssen, um einmal als solcher zu gelten. Jungen sind dabei oft sehr unterschiedlichen und vor allem ambivalenten Erwartungen ausgesetzt: Erwartungen von Erwachsenen mit verschiedenen Bildern von Männlichkeit; Erwartungen von Müttern, die stolz sind auf ihre "kleinen Männer" und sie gleichzeitig möglichst lange bei sich halten wollen; Erwartungen von Kindergärtnerinnen und Lehrern/-innen, die lieber brave, kreative, intelligente Kinder mögen als aggressive Rabauken; dazu treten die oft sehr rigiden Erwartungen der Gruppe der gleichaltrigen Jungen. Darüber hinaus ist die Normalbiographie von Jungen durch "Brüche" gekennzeichnet: Mit etwa zehn Jahren verlassen sie die frauendominierte Welt der Kindheit und begegnen in Schule, Ausbildungsstellen, erweitertem gesellschaftlichen Umfeld immer mehr Bereichen und Strukturen, die von Männern bestimmt sind. In diese Bereiche kommen Jungen zunächst "relativ unsicher und unfertig" (Peter Wahl 1990, S. 13). Werden sie dann bis zur Pubertät auf die traditionelle Männerrolle vorbereitet (Sportlichkeit, physische Stärke, Durchsetzungsvermögen), sollen sie als erwachsene Männer vor allem intellektuelles Leistungsvermögen und zwischenmenschliche Fähigkeiten unter Beweis stellen.

Sielert (1989) erkennt in diesem Sozialisationsverlauf zwei Hauptgründe für Leiderfahrungen von Jungen, und zwar darin, daß einerseits die "Härte-Normen" der Männlichkeit, der Zwang zur Überlegenheit, nicht erfüllt werden und andererseits die Verhaltensmöglichkeiten von Jungen durch die Männlichkeitsschablone vereinseitigt werden[49].

In den Blickwinkel der "kritischen Perspektive" der Jungensozialisation geriet schließlich auch die Tatsache, daß Jungen zunächst in einer weiblich dominierten Umgebung, in der der abwesende Vater kein Vorbild, Modell oder Identifikationsobjekt abgeben kann, ihre männliche Identität entwickeln müssen. Das bedeutet: Der Junge kann nicht abschauen, wie der Vater mit anderen Menschen umgeht, wie er Enttäuschungen verarbeitet, tägliche Probleme bewältigt, trauert oder sich freut. Der Sohn macht nicht die Erfahrung, daß ein Mann fürsorglich, nährend und zärtlich ist, "daß eine liebevolle Beziehung zwischen einem großen und einem kleinen Mann besteht, erfährt also gerade in seiner Kleinheit und Bedürftigkeit nicht die Anerkennung durch ein männliches Wesen. (...) Die Abwesenheit der Väter und der Mangel an realen und alltäglichen Erfahrungen, die eine andere Qualität als Sonntagsausflüge haben, bedeutet auch, daß keine realen Vorstellungen über das, was Männlichsein heißt, entwickelt werden können" (Prengel 1990, S. 42 f.). Das Bild vom Vater bleibt verschwommen und wird mit abstrakten und phantastischen Verhaltenserwartungen aufgefüllt. Männlichkeitsbilder müssen in großen Teilen über Phantasien, über andere Zugänge (Medien,...) gebildet werden. Vor allem Jungen im Alter von sieben bis acht Jahren suchen begierig nach

[49] Vgl. Sielert 1989, S. 32. Ähnlich Prengel 1990, S. 42: "Wenn die Annahme stimmt, daß Jungensozialisation bedeutet, daß Traurigkeit und verwandte Regungen zu wenig Anerkennung finden und darum ein wesentlicher Teil der Realität nicht als real erlebt werden kann, so liegt nahe, daß diese Verleugnung die Entwicklung eines realitätsangemessenen Selbstbildes verhindert. Die Unsicherheit, die daraus entsteht, muß irgendwie bewältigt werden. Die Formen, die unsere Kultur den Männern dafür anbietet, sind die Inszenierungen von Überlegenheit".

Vorbildern und lebendigen Orientierungsmöglichkeiten, finden aber meist nur Schablonen mit einseitig vorgegebenen Rollenmustern.

All diese besonderen Schwierigkeiten bei der geschlechtsspezifischen Sozialisation von Jungen fordern zusätzlich zu Chodorows Aussagen dazu heraus, die Notwendigkeit verantwortungsvoller, anwesender, erziehender und pflegender Väter zu betonen. Daß sich solche Väter jedoch von der traditionellen Vaterrolle deutlich unterscheiden müssen, hebt auch Anja Meulenbelt nach ihrer Darstellung von Chodorows Theorie hervor. Sie meint, "daß - wenn wir eine stärkere Einbeziehung der Männer in die Erziehung von Kindern wollen - wir nicht die Vaterschaft im klassischen Sinn meinen, also nicht den dominanten, aber meist abwesenden Vater, der vor allem für die Sonntagsausflüge und das Bestrafen zuständig ist. Wir meinen damit Männer, die das machen, was jetzt von Müttern erwartet wird, nämlich eine körperliche, gefühlvolle Beziehung zu dem Kind zu entwickeln, es füttern und wickeln, kuscheln und trösten, die also alles das machen, was traditionell als 'unmännlich' gilt" (Meulenbelt 1985, S. 234).

Wenn nun im folgenden dritten Teil solche Männer, die "neuen Väter", näher beleuchtet werden, sollen dabei einige Fragen, die sich aus der bisherigen Darstellung aufdrängen, im Hinterkopf bleiben und erst in der Zusammenfassung beantwortet werden:

- Wichtigstes Ergebnis aus dem ersten Teil war, daß Männer ihre Identität und ihr Selbstbewußtsein nach wie vor zum größten Teil aus ihrer Berufstätigkeit und ihren Tätigkeiten außerhalb der Familie gewinnen. Wie lösen die "neuen Väter" diese Fixierung auf, wie vereinbaren sie Vaterschaft und Beruf, welche Probleme und Schwierigkeiten sind für sie selbst, aber auch für ihre Umgebung damit verbunden?

- Wie gehen die "neuen Väter" mit ihrer gesellschaftlich neuen und ungewöhnlichen Rolle um, wo stoßen sie auf Schwierigkeiten oder Zustimmung in ihrer Umwelt, wo stoßen sie andererseits an die Grenzen ihres eigenen männlichen Selbstbildes, ihrer eigenen männlichen Identität?

- Empfanden die "neuen Väter" Defizite angesichts ihrer Berufsorientierung, ging dem Engagement als "neuer Vater" möglicherweise bereits eine insgesamt veränderte Männerrolle voraus? Damit ist die Frage nach den Motiven, nach der Motivation für die Lebensform der "neuen Väter" angeschnitten.

- Und zuletzt: Erleben die "neuen Väter" ihre Sozialisation, ihre "männliche Persönlichkeit" als behindernd bei der Pflege, Versorgung und Erziehung ihrer Kinder? Können sie ebenso "Muttern" wie Frauen?

Teil 3:
Die "neuen Väter"

1. Vorhang auf für die "neuen Väter"

Die "neuen Väter" - Wer sind sie und was verbirgt sich hinter dieser Wortschöpfung, die noch nicht allzu lange kursiert? Der Kinderwagen schiebende und Einkaufstüten schleppende Mann, der seinen Säugling wickelnde und auch schon von der Werbung entdeckte Wäsche waschende Vater?

Aufschluß über das Phänomen der "neuen Väter" gibt im wesentlichen die (recht spärliche) Literatur von Männern, die ihre eigenen Erfahrungen mit einer veränderten Vater- und Männerrolle reflektieren und aufschreiben. Diese subjektiven Berichte wie Aufzeichnungen über das Vaterwerden und Vatersein, Tagebücher von Hausmännern, Briefe an neugeborene Kinder, Geburtsberichte sind äußerst eindrücklich und interessant, wenn man nach Veränderungen im Selbstverständnis und im Verhalten der "neuen Väter" sucht. Allerdings sind diese Texte auch in ihrem Entstehungszusammenhang zu betrachten und zu beurteilen: Sie gehören zur "Selbsterfahrungsliteratur". Das Schreiben ist als Bestandteil eines Selbstfindungsprozesses zu sehen, in einer als schwierig empfundenen Lebenssituation.

Dennoch sind gerade diese Berichte recht gut dazu geeignet, ein Bild von dieser Bewegung der "neuen Väter" nachzuzeichnen (sofern überhaupt von einer "Bewegung" gesprochen werden kann. Quantitative Aussagen über die "neuen Väter" zu machen, erweist sich als ein problematisches Unterfangen. Einige Hinweise erlauben der unten referierte Forschungsbericht und kürzere Zwischenberichte eines vom Bundesministerium für Jugend, Familie und Gesundheit geförderten Forschungsprojekts ("Konsequenzen einer eingeschränkten Erwerbsarbeit von Männern für die betroffenen Familien")[50]. Das Bild, das im folgenden von den "neuen Vätern" gezeichnet wird, darf daher keineswegs als vollständig oder im strengen Sinne repräsentativ und auch nicht als statisch verstanden werden. Es soll eher vermitteln, wie am "Projekt Vater" auf individueller und gesellschaftlicher Ebene gebastelt wird. Diesen Charakter des "Bastelns" in einer unklaren Situation unterstreichen auch die Erfahrungsberichte einzelner "neuer Väter", die gelegentlich zitiert werden (aus Intensivinterviews der Untersuchung von Strümpel u.a., 1988).

2. Kleine Phänomenologie der "neuen Väter"

Was ist das qualitativ Neue der Einstellungen, Verhaltensweisen und Lebensentwürfe der "neuen Väter" im Vergleich zum Leitbild des traditionellen Vaters? Bereits im ersten Teil wurde deutlich, daß dieses Leitbild und die dahinterstehende Männerrolle Brüche aufweisen: Väter jüngerer Familien sind ihren Kindern zugewandter, gehen zärtlicher mit ihnen um; sie empfinden angesichts ihrer Berufsorientierung ein Defizit zuungunsten der Familie; Metz-Göckel/Müller berichten von einer verbalen Aufgeschlossenheit der Männer, Elternarbeit und Haushalt partnerschaftlich zu organisieren (siehe dort, S. 20 und 68). Prenzel (1990, S. 102) weist auf neuere Untersuchungen hin, die

[50] Vgl. Strümpel,Burkhard u.a.: Teilzeitarbeitende Männer und Hausmänner (1988); Hoff/Scholz: Späte Väter, arrivierte Umsteiger und andere Männer an der Peripherie der Arbeitsgesellschaft (1985); Prenzel,Wolfgang: Väter in jungen Familien - Ist ein Ende der Feierabendvaterschaft in Sicht? (1990). Die Untersuchung von Strümpel u.a. befaßt sich mit Männern, die freiwillig ihre Arbeitszeit teilweise oder vollständig einschränkten. Unter den ca. 500 befragten Teilzeitbeschäftigten und Hausmännern befanden sich drei Viertel Väter mit Kindern. Die Fragerichtung der Untersuchung richtet sich also nicht direkt auf die "neuen Väter", dennoch ist sie für diese Thematik äußerst brauchbar, da das zentrale Motiv zur Reduzierung der Berufsarbeit der Wunsch nach intensiverem Zugang zu den eigenen Kindern war. Die Untersuchung von Strümpel u.a. wird eine wesentliche Grundlage der folgenden Darstellungen sein.

belegen, daß die männliche Ausrichtung auf Karriere und Beruf zum Teil eine neue Bewertung erfährt: Berufsarbeit sei Familie und Privatleben gleichgeordnet. Das Interesse der Männer an Schwangerschaft und Geburt ist gestiegen[51], Geburtsvorbereitungskurse und Säuglingspflegekurse werden besucht, und "vieles weist darauf hin, daß die Väter - quer durch unterschiedliche soziale Schichten - sich mit Kleinkindern auch praktisch immer besser auskennen, also an Kompetenzen hinzugewonnen haben" (Bonorden 1989, S. 59). Die ideologischen Barrieren der Männer, sich ihren Kindern zuzuwenden, scheinen gefallen zu sein. Und dennoch bestehen in der Alltagsrealität die traditionellen Rollen in Haushalt und Familie unverändert fort, auch bei Männern, die große Bereitschaft zur aktiven Vaterschaft signalisierten[52]. Gibt es also einen Sprung vom "traditionellen" zum "neuen Vater" und worin liegt dieser begründet?

Betrachtet man die Veröffentlichungen über die "neue Väterlichkeit", so ist ihnen ein gewisses revolutionäres Bewußtsein abzulesen: die "neuen Väter" als mutige Eroberer eines Neulands, das zu betreten für vorherige Generationen noch unvorstellbar war. Daß diese Eroberung einem gleichsam handstreichartig durchgesetzten Paradigmenwechsel gleichkommt, kann man meines Erachtens nicht behaupten. War nicht etwa der alleine in der Öffentlichkeit Kinderwagen schiebende Vater der 50er Jahre ebenso ein "neuer Vater" *seiner* Zeit, wie dies die heutigen "neuen Väter" von sich annehmen?

Das "Neue" der "neuen Väterlichkeit" entsteht nicht aus dem Nichts, sondern basiert auf einer quasi evolutionären Entwicklung: Sukzessiv verschiebt sich das, was Väter in bezug auf ihre Kinder tun

---

51 Die Zahlen über die Teilnahme von Vätern an der Geburt ihrer Kinder schwanken zwischen 43% und 80% (vgl. Prenzel 1990, S. 103).

52 Prenzel weist auf eine Untersuchung von Lamb u.a. (1982) in Schweden hin, die zeigt, wie wenig sich aus Einstellungen auch Verhalten voraussagen läßt: "Väter, die vor der Geburt ihres ersten Kindes eine große Bereitschaft zu "aktiver Vaterschaft" signalisiert hatten und für die "Elternschaft" wichtiger als "Beruf" war, verhielten sich nach der Geburt nicht anders als traditionell votierende Väter" (Prenzel 1990, S. 103).

oder nicht tun dürfen, wobei es dabei zu durchaus kleineren und größeren Veränderungen kommen kann. Dieses evolutionäre Moment zeigt sich heute darin, daß auch die sogenannten "traditionellen Väter" teilweise väterliche Verhaltensweisen und Einstellungen an den Tag legen, wie sie für die "neuen Väter" charakteristisch sind. Der Begriff "neuer Vater" ist also mit Vorsicht zu genießen. Das "Neue" des "neuen Vaters" ist jeweils in seiner Zeit zu betrachten und zu beurteilen (Die Anführungszeichen, in denen der Begriff "neuer Vater" in dieser Arbeit ständig steht, sollen dieser vorsichtigen Betrachtungsweise Ausdruck verleihen).

Diesem "Neuen" heute soll jetzt in einem zweiten Anlauf nachgegangen werden:

> Die 'neuen Väter' gestalten "ihre Rolle aktiv und bewußt. (...) Sie erleben die Schwangerschaft ihrer Frau intensiv mit, beteiligen sich an den Vorbereitungen für die Geburt und begleiten ihre Frau sogar zum Frauenarzt(ärztin), um bei den vorgeburtlichen Untersuchungen dabei zu sein. Daß sie bei der Geburt dabei sein können, ist ihnen nicht nur wichtig, sondern eine unabdingbare Voraussetzung für den Aufbau einer (im Verhältnis zur Mutter) gleichwertigen Beziehung zum Kind. (...) Für die neuen Väter ist es selbstverständlich, daß sie nach der Geburt zumindest einige Wochen zuhause bleiben und Mutter und Kind in der ersten Zeit versorgen. Sie lernen von Anfang an mit dem Neugeborenen umzugehen und beherrschen das Einmaleins der Säuglingspflege ebenso wie die Mütter. Ihr Kind ist ihnen vertraut, und sie wissen die Äußerungen des Säuglings genausogut zu deuten wie die Frauen" (Bullinger 1987, S. 14).

> Die 'neue Väterlichkeit' ist ein "entschieden partnerschaftlich orientiertes Verhalten von Männern, die ihren Kindern ungewöhnlich viel Energie, Zeit und Aufmerksamkeit widmen, die ihnen damit nahe kommen wollen und die darüber hinaus ihre Interpretation von Vaterschaft häufig als ein soziales Experiment mit Vorbildcharakter begreifen" (Bonorden 1989, S. 82).

Diese partnerschaftliche Orientierung und die persönliche, aktive Verantwortung für alle Bereiche des Lebens mit dem Kind zwingen die "neuen Väter", sich einer Frage zu stellen, die bislang eine "Frauenfrage" war: Wie läßt sich die gewünschte Intensität der Erziehungs- und Familienarbeit mit der Erwerbsarbeit vereinbaren? Die Vater- und die Berufsrolle des Mannes kollidieren also miteinander, und die "traditionelle" Lösung der familialen Arbeitsteilung kann diese Ansprüche nicht mehr befriedigen.

Letztendlich kommt also das qualitativ "Neue" der Lebensentwürfe der "neuen Väter" heute vornehmlich in der Bereitschaft zum Ausdruck, zumindest in der Kleinkindphase die Berufsrolle den kindbezogenen Betreuungsaufgaben unterzuordnen und die Berufsarbeit, meist zeitlich begrenzt, zu reduzieren. Dabei lassen sich zwei Erscheinungsformen differenzieren, wie diese "neuen Väter" die Hinwendung zum Kind und die Reduzierung der Berufsarbeit in unterschiedlichen Familienformen (ehelich, nichtehelich, alleinerziehend) realisieren: der "teilzeitarbeitende Vater" und der "Hausmann"[53].

Über diese Männer, die im besten "Erwerbsalter" freiwillig den Beruf hintenanstellen oder sogar an den Nagel hängen, gibt der Forschungsbericht Strümpels u.a. näheren Aufschluß: Schätzungsweise

[53] Auf die alleinerziehenden Väter möchte ich auf Grund ihrer ganz speziell gelagerten Problematik nicht gesondert eingehen. Sie können aber durchaus unter den "Rubriken" teilzeitarbeitender Vater oder Hausmann vertreten sein. Konrad Leube weist darauf hin, daß von den alleinerziehenden Vätern keineswegs angenommen werden kann, daß sie alle auch engagierte Väter sind. Denn: "Nach M. Meister (1980) sorgen 92% der sorgeberechtigten Väter nicht selbst für die Kinder, sondern nehmen dafür wiederum Frauen her: die Mütter, die Freundinnen, das Heim- oder Internatspersonal" (Leube 1985, S. 85).

80.000 Männer im Alter bis zu 55 Jahren sind in der Bundesrepublik (alte Länder) freiwillig teilzeitbeschäftigt, die Zahl der Hausmänner beträgt wohl nur einige Zehntausend.

> Die soziodemographische Struktur zeigt, daß es "vor allem jüngere, im tertiären Sektor und im Öffentlichen Dienst beschäftigte Männer mit relativ hohem Bildungsstand (sind), die zu einer Abkehr von der traditionellen männlichen Berufszentriertheit bereit sind. (...) Der 'typische' Mann unserer Studie ist Mitte 30, lebt mit einer Partnerin zusammen und hat ein oder zwei noch nicht schulpflichtige Kinder. Die Partnerinnen sind in der Regel berufstätig und verfügen über ein ihrem männlichen Partner vergleichbares, die Partnerinnen von Hausmännern teilweise über ein höheres Qualifikationsniveau. Ein gutes und sicheres Einkommen der Frau, in vielen Fällen deren Zugehörigkeit zum Öffentlichen Dienst, scheint Voraussetzung des unkonventionellen Erwerbsverhaltens der Männer zu sein" (Strümpel u.a. 1988, S. 5).

Die Werte der Befragten sind als "postmaterialistisch", die Erziehungsziele als "emanzipatorisch" zu charakterisieren. Auffallend ist ferner, daß es für 30% der Befragten (gegenüber 4% der männlichen Gesamtbevölkerung) sehr wichtig ist, sich für ihre politischen und gesellschaftlichen Überzeugungen einzusetzen. Weitere Ideale sind egalitäre Rollengestaltung, gleichgewichtige Beteiligung beider Partner an Erwerbs-, Haus- und Familienarbeit. Meistens wirken mehrere Motive zur Reduzierung der Berufstätigkeit zusammen. Zentrales Motiv ist der Wunsch, sich aktiv um die Kinderbetreuung kümmern zu wollen. Der Einstieg in den (teilweisen) Ausstieg geschieht damit auch meist erst mit der Geburt des ersten Kindes. Einiges deutet darauf hin, daß die Entscheidung zum Hausmann-Dasein in stärkerem

Maße durch situativen Druck geprägt ist (arbeitslos, keine Teilzeitarbeit für Partnerin möglich, besserer Verdienst der Partnerin usw.).

Die besondere Situation des Hausmann-Seins (s.u.) führt dazu, daß nur jeder Vierte darin eine langfristige Perspektive sieht. Das Ideal der Paare stellt (beiderseitige) Teilzeitbeschäftigung dar. Strümpel(u.a.) kommen zu dem Schluß, daß männliche Teilzeitarbeit durchaus ein Modell für die Zukunft sein könnte. "Es erhält Beifall von vielen Seiten, erzielt deutliche Erfolge in der persönlichen, partnerschaftlichen und familiären Bedürfnisbefriedigung, es erhält die Bindung an den Beruf" (ebd., S. 188).

Allerdings sind diesem Modell heute noch Grenzen gesetzt, sowohl durch institutionelle und personalpolitische Barrieren als auch durch die weiterhin bestehende Orientierung an traditionellen männlichen und weiblichen Geschlechtsrollenmustern. Einige Zahlen und Fakten bei Leube lassen eine gewisse Skepsis durchaus angebracht erscheinen: "99% der versicherungspflichtigen Männer arbeiten voll und 89% lehnen eine Teilzeitbeschäftigung ab" (Leube 1985, S. 80). In Schweden, wo es die gesetzliche Möglichkeit gibt, nach der Geburt eines Kindes einen mit 90% Gehaltsausgleich bezahlten Vaterschaftsurlaub anzutreten, nehmen nur die allerwenigsten Männer daran teil. Eine Befragung deutscher Väter und Mütter ergab, daß nur 23% der Männer und 36% der Frauen einen Elternurlaub nach diesem Modell für wichtig halten (vgl.Leube, S. 81).

Auch eine jüngst vorgestellte Statistik des Bonner Familienministeriums weist darauf hin: "Deutschlands Väter sind wahre Erziehungsmuffel" (vgl. Südwestpresse 1992). 96% der Väter und Mütter haben sich 1991 für den ihnen zustehenden Erziehungsurlaub entschieden. Unter den insgesamt 790.000 AntragstellerInneN befanden sich in Westdeutschland ganze 10.237 Männer - das sind gerade einmal 1,3%. In den neuen Bundesländern ließen sich lediglich 0,5% der Väter auf das Abenteuer Erziehungsurlaub ein.

Bestätigt werden diese Zahlen in der Zwischenbilanz eines vom Daimler-Benz-Konzern entwickelten Modells der "Familienpause": Im Juli 1989 wurde die Betriebsvereinbarung "Familie und Beruf" ins Leben gerufen. Sie sieht vor, daß Mütter und Väter bei einem Kind bis zu sieben, bei mehreren Kindern bis zu zehn Jahren über den gesetzlichen Erziehungsurlaub hinaus pausieren können. Den RückkehrerInneN sichert das Unternehmen einen vergleichbaren Arbeitsplatz zu, die Zeit der Familienphase wird bis zu einem Drittel auf die betriebliche Altersversorgung angerechnet. Den 600 Frauen (ca 50% der Anspruchsberechtigten), die von diesem Angebot Gebrauch machen, stehen lediglich 2 Männer(!) gegenüber. (Vgl. Daimler-Benz Presseinformation vom 11.12.1990; Stuttgarter Nachrichten vom 12.12.1990).

Die Untersuchung von Strümpel u.a. macht deutlich, daß der Versuch, ein Bild der "neuen Väter" zu zeichnen, nicht auf eine neue und intensivere Vater-Kind-Beziehung eingeengt werden kann, sondern daß deren unkonventionelle Gestaltung der Vaterrolle als Teil einer insgesamt unkonventionellen Lebensorientierung und Lebensgestaltung zu sehen ist, wobei eine veränderte Auffassung von der Rolle als Mann zentrale Bedeutung erlangt. Auch im folgenden Kapitel, wenn nach den Motiven von Männern für die "neue Väterlichkeit" gefragt wird, weisen die Vielfältigkeit und Gleichzeitigkeit mehrerer Motive auf den größeren Zusammenhang, in dem die "neue Väterlichkeit" zu lokalisieren ist, hin.

3. Motive und Erwartungen der "neuen Väter"

Was bewegt einzelne Männer, Interesse an ihren Kindern zu zeigen und ihr Leben entsprechend einzurichten? Welche Erwartungen hegen sie an ihre aktive Vaterschaft, an ihr verstärktes Engagement in der Familie? Diese Fragestellung geht über den Ansatz der Untersuchung von Strümpel u.a. hinaus, vor allem nach den besonders günstigen materiellen oder institutionellen Bedingungen zu fragen, die ein solches Engagement *ermöglichen.* Mindestens genauso interessant und aufschlußreich ist der Blick auf die verdeckte Seite: Was *treibt,* was *zwingt* diese Männer dazu?

> "Die Motivation für eine andere Gestaltung der Vaterrolle ist bei den Männern nicht von selbst entstanden" (Bullinger 1987, S. 16).

Bullinger sieht die "neue Väterlichkeit" einerseits als Ergebnis der seit dem 19. Jahrhundert immer weiter fortschreitenden Entmachtung der alten Väter. Wir haben diesen Prozeß im ersten Teil mit dem Begriff "Funktionsverlust" bezeichnet (Autoritätsverlust, Matriarchat Familie, Erwerbstätigkeit der Frauen, Frauenbewegung, Verunsicherung der Männer- und Vaterrolle). Andererseit sieht Bullinger das Phänomen der "neuen Väter" als eine Reaktion der Männer auf die "neue Macht der Frauen". Die "neuen Väter" sind "Väter von Frauensgnaden. Sie sind gezwungen worden, sich zu verändern" (Bullinger 1987, S. 19). Eine Frau beschreibt dies so:

> "Wenn ich mich heute überhaupt noch mal darauf einlassen würde, ein Kind zu bekommen, dann nur, wenn mein Freund bereit wäre, alles, was anfällt, mit mir zu teilen. (...) Wenn ich zusammen mit einem Mann ein Kind will, muß er sein Leben

genauso darauf einstellen wie ich" (Zitat einer Gesprächspartnerin Bullingers, ebd., S. 19).

Das heißt: Ein entsprechendes Vaterverhalten wird häufig in erster Linie aus dem Binnenverhältnis einer Ehe, einer Partnerschaft zu erklären sein[54]. Nachdem Frau und Mann dieselben beruflichen Qualifikationen erreicht haben, muß individuell entschieden und ausgehandelt werden, wer wie lange arbeitet, wer wann und wie lange die Kinderbetreuung übernimmt. Eben diese Situation beschreibt der Soziologe Ulrich Beck als logische Konsequenz der Modernisierung unserer Industriegesellschaft: "Mit fortschreitender Modernisierung vermehren sich in allen gesellschaftlichen Handlungsfeldern die Entscheidungen und Entscheidungszwänge. Mit leichter Übertreibung kann man sagen: "anything goes". Wer wann den Abwasch macht, die Schreihälse wikkelt, den Einkauf besorgt und den Staubsauger herumschiebt, wird ebenso unklar, wie wer die Brötchen verdient, die Mobilität bestimmt (...) In allen Dimensionen der Biographie brechen Wahlmöglichkeiten und Wahlzwänge auf. (...) Die Entscheidungsmöglichkeit entfaltet ein Maß, hinter das nicht ohne weiteres zurückgegangen werden kann. Es muß nun durch die Mühlen der Beziehung, Bedenken und damit: Abwägungen der unterschiedlichen Konsequenzen hindurch" (Beck 1986, S. 190 f.).

Strümpel u.a. stellten fest, daß diese Diskussion weniger als "emotionsgeladener Streit" (oder gar "Geschlechterkampf") verläuft, sondern es kommt "vielmehr ein Streben nach Interessenausgleich zum Ausdruck, der sich an Gerechtigkeitsvorstellungen und "Nutzenmaxi-

---

[54] Vgl. dazu auch die Ergebnisse der Untersuchung von Ryffel-Gericke: Es "erweisen sich ein modernes Rollenverständnis der Ehepartner, eine gute Ehebeziehung, sowie ein höherer Bildungsstatus der Frau und eine ablehnende Einstellung der Partnerin gegenüber der Wahrnehmung traditioneller Familienfunktionen durch den Ehemann als Größen, die eine intensive zeitliche Beschäftigung des Vaters mit dem Kind besonders fördern" (Ryffel-Gericke 1983, S.170).

mierung" orientiert" (Strümpel u.a. 1988, S. 103). Die Partnerin eines Hausmanns mit zwei Kindern beschrieb ihre Entwicklung dahin so:

> "Das war ja ein gemeinsamer Entschluß. Das war jetzt nicht so, daß er gesagt hat, gut ich mach das, sondern wir hatten verabredet (...), daß halt der von uns, der zuerst ne Arbeit findet, die nimmt, und der andere bleibt zuhause, und das hat sich dann so ergeben" (ebd., S. 102).

Partnerschaftliche Einstellungen und egalitäre Rollengestaltung waren für die Männer aus Strümpels Untersuchung Hintergrund für die Entscheidung, Erwerbstätigkeit zu reduzieren und Kinderarbeit zu übernehmen. Allerdings fallen solche Entscheidungen zur aktiven Vaterschaft und reduzierter Berufstätigkeit auch häufig in Situationen, die nur begrenzte Handlungsmöglichkeiten bieten. Situativer Druck scheint vor allem bei Hausmännern oft eine größere Rolle zu spielen:

> "19.. war das, da ist G. geboren. (...) Ich habe dann bei ... gekündigt und bin zu Hause geblieben, weil meine Frau deutlich mehr verdient als ich" (Hausmann, 2 Kinder; in: Strümpel u.a. 1988, S. 29).

> "Mit den Zwillingen fing das ganze Malheur an. (...) Das Malheur ist auch nicht, daß ich wegen der Buben daheim geblieben bin. Nein. Das eine kam zum anderen. Erst bin ich arbeitslos geworden" (Hausmann, 2 Kinder; in: Schwarz-Ahrendt 1980, S. 126).

Daß häufig mehrere Faktoren den Hintergrund zum intensiveren Erziehungsengagement liefern, davon zeugt das Beispiel dieses Hausmanns mit einem Kind:

> "Bei mir war das so: Ich wollte Kontakt zum Baby. Ich wollte ein aktiver Vater sein. (...) Zuerst hatten wir vor, beide voll weiter zu arbeiten. (...) Nach so einem Tag kommst du also nach Hause, und da wartet nun dein Kind und der Haushalt auch noch. Gerade wenn du aus dem letzten Loch pfeifst, dann haste Zeit für dein Kind! (...) Da bin ich dann explodiert, da hat es mir dann gereicht! Wozu haben wir denn ein Kind in die Welt gesetzt und uns gefreut, wenn wir ihm nur noch die schäbigen Reste, das, was von unseren Energien noch übrig ist, zukommen lassen können. Wo bleiben wir selbst? Ich habe dann zu Renate gesagt: "Deine Arbeit ist wichtiger als meine, außerdem verdienst du ja jetzt auch mehr als ich ...". Mein Entschluß stand fest: Ich bleibe ab sofort zu Hause! Wirklich, ich war noch nie in meinem Leben so sauer und auf der anderen Seite so total überzeugt von einer Sache" (in: Schwarz--Ahrendt 1980, S. 25 - 28).

Ein weiterer Faktor, der den Hintergrund der Bereitschaft junger Männer zu mehr Engagement in der Familie bildet, ist in einer veränderten Einstellung zu Beruf und Leistung zu vermuten. Die Reduktion des Lebens auf Berufsarbeit einerseits und Konsum andererseits wird als unbefriedigend empfunden:

> "Weil man einfach von Älteren, von Eltern und von anderen Leuten gesehen hat, die voll berufstätig sind, die arbeiten wirklich nur noch. Und arbeiten nur noch für die Wohnungseinrichtung und für's Auto und mehr nicht. Und darin er-

> schöpft sich dann das Leben" (teilzeitarbeitender Vater, 2 Kinder; in: Strümpel u.a.1988, S. 62).

Oder ein anderer Vater:

> "Arbeit ist für mich nicht Sinnerfüllung des Lebens, sondern ein Teil dazu" (ebd., S. 62).

Diesen Wertewandel interpretieren Strümpel u.a. als eine Art "Gleichgewichtsethik", nach der in der Lebensgestaltung dieser Männer die Berufsarbeit dem Privatleben nicht mehr über, sondern gleichgeordnet ist. Arbeit hat also nicht mehr unbestritten den höchsten Stellenwert für die Identität dieser Männer. Dafür gewinnt die außerberufliche Zeit, Partnerschaft und Kind, meist an Bedeutung hinzu:

> "Lange Zeit war mir die Arbeit wichtiger. Ich hab durch die Arbeit mein Feedback bekommen, meine Bestätigung und Anerkennung, und hab mich da auch verwirklichen können, eigentlich sehr viel besser, als in meinem Privatleben. Aber das hat sich vor zwei, drei Jahren verändert (...) zum einen durch die Ehe (...) und zum anderen durch die Geburt unseres Sohnes vor zweieinhalb Jahren" (teilzeitarbeitender Vater, 1 Kind; ebd., S. 61).

Sehr schwierig zu beurteilen ist die Frage, ob das Interesse am Kind, an aktiver Vaterschaft und ein entsprechendes Abrücken von der Berufsarbeit wie bei dem obigen Vater erst mit der Geburt des ersten Kindes und der Nähe zum Kinde entstehen oder bereits vorher existierten. Strümpel u.a. fanden heraus, daß Männer mit unkonventionellem Erwerbsverhalten sich im Vergleich zu anderen Männern nicht durch einen stärker ausgeprägten Kinderwunsch auszeichnen, der große Unterschied zu ihnen allerdings darin besteht, daß der Wunsch nach intensiver Betreuung und Erziehung der Kinder Hauptmotiv für die Reduzierung der Berufsarbeit wird.

> "Da ich mich bewußt auch für das Kind entschieden habe als es am Werden war oder sich angemeldet hat, war mir auch klar, daß ich ein Stück weit dieses Kind aufziehen wollte und auch ein Stück weit dieses Kind erleben wollte und will. (Und ich sehe nicht), daß das am Abend innerhalb von einer halben Stunde möglich ist" (teilzeitarbeitender Vater, ein Kind; ebd., S. 60).

Die bewußte und engagierte Vaterschaft geht häufig mit dem Nachdenken über die eigene Geschichte mit dem Vater und dem Wunsch, es anders zu machen, einher:

> "Wir haben uns überlegt (...), worunter wir als Kinder gelitten haben, was wir aus unseren Geschichten herausziehen können und was einfach anders laufen muß. Und alle hatten die Vorstellung, wirklich teilzuhaben an dem Kind, nicht nur als Randfigur, sondern wie die Mutter voll auf der Matte zu stehen und alles zu machen, von den täglichen Verrichtungen bis zum Tragetuch; mit dem Kind zu schmusen und all diese Sachen, die unsere Väter mit uns nicht gemacht haben" (in: Bonorden 1989, S. 84).

Ein weiteres Motiv, das immer wieder durch die Berichte der "neuen Väter" hindurchschimmert, ist das Erleben väterlicher Freude und väterlichen Stolzes über das eigene Kind:

> "Es war für mich geradezu ein Motiv, ein Kind zu wollen, daß ich die Vorstellung hatte (...) es macht bestimmt Spaß, es heranwachsen zu sehen - sicher auch unter meinem Einfluß - zur Selbständigkeit, sozusagen voller Stolz zu beobachten, wie dein Kind seine Möglichkeiten erweitert" (Siegler 1982, S. 88).

Das bewußte Miterleben der Entwicklung des Kindes verbindet sich mit dem Wunsch, auf diese Entwicklung Einfluß zu nehmen, sie nicht mehr anderen Personen oder Sozialisationsinstanzen einfach zu überlassen:

> "Wenn das Kind da ist, will ich Mitbestimmung bei seiner Erziehung. Es ist mir nicht gleichgültig, wie die kommenden Menschen aufwachsen. Ich will nicht mehr von der Formung der jeweils neuen Generation - dem wichtigsten Prozeß, den jede Gesellschaft zu verantworten hat - ausgeschlossen sein. Ich lasse mir auch nicht mehr die angebliche Notwendigkeit der ersten drei Jahre ausschließlicher Mutter-Kind-Beziehung einreden. Ich will heran an das Kind von Anfang an" (Pilgrim 1978, S. 122).

Ein anderer Vater will seinem kleinen Sohn bewußt die Chance geben, "unterschiedliche Reaktionsweisen von Mutter und Vater zu erfahren" (Braun 1982, S. 133). Neben dieser Einflußnahme auf Erziehung und Entwicklung ist auch die Erwartung zu finden, vom Kind selbst lernen zu können:

> "Das ist es, glaube ich, was ich von Florian, mit Florian lernen will: die Fähigkeit wiederzugewinnen, die Energie zu spüren, die uns miteinander verbindet und trennt, um die Nähe und Distanz

ausmachen zu können, die das Zusammenleben angenehm und produktiv macht" (Hätscher 1982, S. 30).

Für wieder andere Väter werden oder sind ihre Kinder Hoffnungsträger des Lebens:

"Zu meiner Hoffnung auf Leben gehört auch der Wunsch, irgendwann nicht endgültig gestorben zu sein und den untrennbaren Zusammenhang von Leben und Tod doch etwas zu überlisten. (...) Wenn wir überhaupt weiterleben, leben wir in unseren Kindern weiter und hinterlassen in ihnen Spuren - wahrscheinlich auch Narben."

"Und wir - wir haben Angst vor dem Krieg, mit dem man uns bedroht. Aber wir haben immer noch eine Hoffnung: Hoffnung auf Leben, Hoffnung als Lebensprinzip (...). Kinder, die so gewollt sind wie du, Marie, sind Ausdruck dieser Hoffnung auf Leben und Liebe" (beide Zitate von einem anonymen Autor, in: Gerspach/Hafenegger 1982, S. 13 - 15).

Nach Barbara Sichtermann entstehen solche Motive "neuer Väterlichkeit", die sie aber auch bei jungen Müttern wiederfindet, aus der Annahme, "daß Elternschaft die Linearität der Konsum- und Karrierewelt durchbreche, daß sie ein Ereignis sei mit jenen Indizes der Unvorhersehbarkeit und Unberechenbarkeit, die die versicherte Gesellschaft zu löschen bestrebt ist. (...) Kinderkriegen gehört zu den letzten noch eingehbaren Risiken. (...) Die jungen Eltern in der linken Szene und anderswo kriegen ihre Kinder heute (...), weil sie fühlen, daß das Kind ein "Portal" sein kann im Sinne des Durchtritts in ein vielleicht schwierigeres und manchmal unerfreuliches, jedenfalls aber neues Stück Leben. (...) Kinder sind ein Erdenrest und im Paradies der programmierten Egoismen nicht vorgesehen" (Sichtermann 1984, S. 138 f.). Wesentlich kritischer beurteilt Brigitta Kress diese Motive der "neuen Väterlichkeit", hinter denen sie unter anderem auch die Frustrationen der 68er Generation verborgen sieht (und zu denen sind ja tatsächlich viele Autoren der erwähnten Väterliteratur, aber auch die "späten Väter" aus Strümpels u.a. Untersuchung zu rechnen): "Die einzige Waffe gegen den drohenden Atomtod, gegen die Zerstörung der Natur und des Lebens ist für sie das Leben selbst: (...) Das eigene Kind als Droge, als Medium für extreme Gefühlsregungen, wie man sie bisher nur in der Kindheit erleben durfte" (Kress 1983, S. 73).

Der Wunsch des sinnlichen Erlebens des Kindes, des aufmerksamen und zärtlichen Umgangs mit ihm vom Wachstum im Bauch der Mutter an, taucht tatsächlich in den Selbsterfahrungberichten der Väter immer wieder auf:

> "Es war unheimlich schön, Margaretes Bauch und damit gleichzeitig dich zu streicheln. Wir haben dich viel gestreichelt - du wirst bestimmt einmal ein sinnlicher Mensch. (...) manchmal saugst du an meinem Arm und läßt dich dadurch etwas beruhigen. Ich laß dich unheimlich gerne so saugen und habe dabei das Gefühl, dir auch etwas geben zu können, was deine elementaren Bedürfnisse wenigstens etwas befriedigt" (anonymer Autor, in: Gerspach/Hafenegger 1982, S. 16).

In solchen, zugegebenermaßen seltsam anrührenden, Texten von Männern kommt vielleicht doch weniger der von Kress vermutete "Mißbrauch" des Kindes zum Ausdruck, als der tiefe Versuch, sich nicht auf den traditionellen Teil der Vaterschaft eingrenzen zu lassen, sondern gerade solche Verhaltensweisen mit dem Kind zu leben, die bisher vorwiegend den Müttern zugestanden wurden. Daß sich hieran Kritik entzünden kann, zeigt auch der Beitrag Jörg Bopps zum Thema "neue Väter", in dem er diese spöttisch als "Mappis" abkanzelt[55]: Die Anpassung der "neuen Väter" ans Verhaltensrepertoire der Mütter im Umgang mit ihren Kindern sei keine Neugestaltung der Vaterrolle, sondern komme deren Abschaffung gleich. Im Paradigma der Psychoanalyse, vor allem orientiert an Mitscherlichs "Vaterloser Gesellschaft", begründet Bopp seine Kritik und unheilvolle Prognose. Die "neuen Väter" würden lediglich eine "Schmuse-, Knuddel-, Liebes- und Nährpädagogik" betreiben, mit der es ihnen nicht gelinge, für die Kinder ein Verhältnis zur gegenständlichen Welt herzustellen. Vielmehr drohten die Töchter und Söhne der "Mappis" in einer aufgeheizten, ungesunden "familiären Treibhausluft" zu ersticken.

Bopps Kritik bleibt an den euphorischen, manchmal naiv klingenden Aussagen "neugebackener" Väter hängen. Dabei übersieht er aber einen anderen ganz wesentlichen Aspekt jener Väter-Texte, nämlich die Artikulation von Schwierigkeiten, von Unsicherheiten, von Überforderung, manchmal auch Desillusionierung, die die "neuen Väter" in ihrer Vaterrolle ebenso erleben wie die freudigen Aspekte.

Ähnlich, wie aus den bisher angeführten Aussagen eine Vielzahl gemeinsamer, aber auch ganz individueller Motive und Erwartungen der "neuen Väter" herauszulesen sind, zeigt sich auch bei den nun zu beschreibenden Problemen und Schwierigkeiten, die der neuen Vaterrolle immanent sind, daß diese von der jeweiligen Lebensgeschichte, der Lebenslage, der Umwelt, den Anforderungen und Gegebenheiten des Alltags der einzelnen Väter mitbestimmt werden.

---

[55] Vgl. zum folgenden Bopp (1984).

4. Probleme und Schwierigkeiten der "neuen Väter"

Die Literatur über die "neuen Väter" und von den "neuen Vätern" läßt Probleme und Schwierigkeiten dieser Männer erkennen: einerseits mit sich selbst, mit ihrer neuen Vater- und Männerrolle, andererseits mit ihrem engeren und weiteren Umfeld erkennen. In besonderem Maße gilt dies für die Hausmänner.

4.1 Probleme und Schwierigkeiten der "neuen Väter" mit sich selbst

Daß die Anstöße zum verstärkten Engagement in der Kinderversorgung und Kindererziehung nur zum Teil den Bedürfnissen der Männer, wesentlich aber dem Druck der Partnerinnen entspringen, ist ein Widerspruch, der die neue Vaterrolle bestimmt. Sie liegt im Widerstreit zur traditionellen Rolle des Mannes in unserer Gesellschaft, und dieser Widerstreit zwischen "neuer Vaterrolle" und "alter Männerrolle" findet auch in den "neuen Vätern" selbst statt, wird von ihnen als Gegensatz erlebt.

Daß männliche Identität und männliches Selbstwertgefühl auch bei den "neuen Vätern" noch stark von der Berufstätigkeit abhängen, schimmert durch viele Berichte, vor allem von Hausmännern, immer wieder durch. Ein Vater über die Reduzierung der Arbeitszeit:

> "Das kann ich erstmal nicht nur so machen, sondern da muß ich erst mal hinkommen, weil, ich stehe auch in diesem Spannungsgefühl dieser Konkurrenz, eigentlich auch Männern gegenüber, auch Männern zeigen zu wollen, daß ich ein Mann bin" (in: Strümpel (u.a.) 1988, S. 20).

Ein Hausmann mit zwei Kindern leidet unter seinem beruflichen Stillstand:

> "Man sieht ja, wie sich so andere Kollegen von früher (...), wie die sich beruflich weiterentwickeln, (die) sind irgendwo so ganz gut vorangekommen und haben auch Verantwortung zu tragen und können auch Entscheidungen treffen und ich formuliere das denn immer so'n bißchen sarkastisch, wenn man sich selber beguckt und sieht die eigenen Entscheidungsmöglichkeiten, die sich darauf beschränken, ob man Dash oder Omo kauft" (ebd., S. 36).

Neben der "Berufsfrage" birgt das Vater-werden und das Vater-sein die Angst beziehungsweise die Tatsache, die eigene "männliche Freiheit" einschränken zu müssen, nicht mehr unabhängig und ohne Rücksichtsnahme das eigene Leben, die eigene Zeit bestimmen, seine eigenen Bedürfnisse ausleben zu können. Ein Vater beschreibt im Rückblick seine Reaktion auf die Nachricht der Schwangerschaft seiner Partnerin so:

> "Ich empfinde so etwas wie Endgültigkeit, Unausweichlichkeit, gefangen, Ketten, kein Zurück mehr" (Engelke 1982, S. 32).

Wenn sich Männer an den Kosten der Kinderversorgung beteiligen, und zwar nicht mit Mark und Pfennig, sondern mit Lebenszeit, die sie selbst im Kinderzimmer verbringen, ist es mit dem Spaßprinzip nicht mehr getan. Der Traum eines jungen Vaters von den Vorzügen der alten Vaterrolle zeigt, daß deren Schatten noch gegenwärtig ist:

> "Manchmal kam mir bei dem ganzen Streß der Gedanke, wie toll es doch sein müßte, wenn die Frau die Arbeit macht und

ich nur für die tollen Seiten im Zusammenleben mit dem Kind zuständig wäre" (Zitat bei Bullinger 1987, S. 204).

Das Abweichen von den traditionellen Geschlechtsrollen in Gesellschaft und Familie, die Übernahme "mütterlicher Funktionen" bereiten den "neuen Vätern" Schwierigkeiten, ihre neue Rolle zu definieren:

> "Meine eigene Rollendefinition bereitet mir allerdings schon größere Schwierigkeiten: Bin ich als Vater einfach männliche Bezugsperson, "Ernährer", Mann (...) oder Vater mit zusätzlicher Muttterersatzfunktion, männliche Mutter, mütterlicher Mann? Ich habe darauf für mich keine endgültige Antwort. Ich vermute, es ist eine Mischung von allem" (Schuchardt 1982, S. 71).

Noch grundsätzlicher stellt sich ein anderer Vater die Frage nach seiner väterlichen Identität:

> "Natürlich freute ich mich auf das Kind, aber worauf eigentlich?
> - Auf mein Vatersein? Was ist das?
> - Was macht ein Vater?
> - Was habe ich als Kind vom Vater erlebt?
> - Erst Mutter, dann Vater?
>
> Die festgeschriebene Position in der zweiten Reihe? Fragen, Unsicherheiten und keine Hilfe von den schon gewordenen Vätern meiner Umgebung, sondern Unverständnis bei meinen für mich so wichtigen Fragen. Ich wollte vieles anders angehen, verbessern, aber wie und was?" (Muras 1987, S. 131).

Die Unsicherheit, die dieser Vater stellvertretend für viele "neue Väter" ausspricht, weist darauf hin, daß Männern, die mit ihrer väterlichen Verantwortung ernstmachen wollen, der Anfang dazu nicht gerade leicht fällt und nicht gerade leicht gemacht wird. Das Fehlen alternativer Vatermodelle, die eigene männliche Sozialisationsgeschichte erschweren zunächst den alltäglichen Umgang mit dem Kind. Für's erste bleibt den "neuen Vätern" nur die Aktivierung des einst erlebten Mutterverhaltens übrig. Damit geraten sie schnell in Konflikte mit ihrer eigenen Geschlechtsidentität, die sich, und hier wird Chodorows Theorie wieder aktuell, ja gerade in der Überwindung der frühkindlichen Mutteridentifikation und der Abwehr "weiblichen Verhaltens" herausgebildet hat. Männern fehlt "anders als den Frauen, auch eine Tradition des Pflichtbewußtseins, der Hingabe und der Leidenschaft für die kleinen Kinder; es fehlt ihnen die tradierte Überzeugung, daß diese schwierige Arbeit, die Versorgung eines Kindes, *von ihnen* erledigt werden muß" (Bonorden 1989, S. 10). Die Aussagen zweier Väter bestätigen diese Vermutung recht eindrücklich:

> "Der größte Schmerz (...) lag in der niederschmetternden Erkenntnis, daß ich in Opferbereitschaft, Hingabe, Konsequenz, Lebensmut, Durchhaltevermögen, Toleranz und Elternliebe nicht im entferntesten an meine Frau heranreiche" (Zitat bei Bullinger 1987, S. 200).

> "Ich war und ich bin durch das Kind an zwei Punkten meiner Männlichkeit in Frage gestellt worden. Einmal sah ich, wie unsensibel ich bin, und zum anderen, welch ein bequemer Mann" (ebd., S. 200).

Diese Männer stoßen offensichtlich bei der Öffnung ihres Alltags auf die Kinder hin an Barrieren ihrer eigenen Sozialisation, an Barrieren einer "männlichen Persönlichkeit", eines verinnerlichten männlichen Wertesystems, letztendlich an Barrieren ihrer männlichen Identität. Der innere Widerstreit zwischen "alter Männerrolle" und "neuer Väterrolle" wird aber darüber hinaus von Problemen der "neuen Väter" in und mit ihrem engeren und weiteren Umfeld begleitet und verstärkt.

4.2 Probleme und Schwierigkeiten im engeren und weiteren Umfeld

In dem Maße, wie die "neuen Väter" und ihre selbstbewußten Frauen die alte familiäre Arbeitsteilung aufbrechen und umbauen, in dem Maße geraten Mann und Frau, Vater und Mutter auch in Konkurrenz zueinander. Der Einbruch der "neuen Väter" in die weiblichen Domänen Kindererziehung und Haushalt geht nicht ohne Auseinandersetzungen in der Familie und ohne Ankämpfen gegen Vorurteile der Gesellschaft gegenüber dem unkonventionellen Verhalten der "neuen Väter" über die Bühne.

Der Einstieg in die Vaterrolle wird den Männern dabei oft gerade von den Müttern erschwert, die ihre Mitarbeit fordern. Ein Vater meint, daß er zu seiner Tochter keine so intensive Beziehung hätte aufbauen können, wenn seine Partnerin nicht bald nach der Geburt hätte wieder arbeiten müssen:

> "Im anderen Falle hätte sie mich mit ihren ganzen Muttergefühlen bestimmt an den Rand gedrängt. In der ersten Zeit, wo wir die Arbeit mit Sigrid noch gemeinsam gemacht haben, gab es zwischen uns viele Situationen, in denen ich das Gefühl hatte, von Sigrid weggedrängt zu werden" (Zitat bei Bullinger 1987, S. 169).

Ein Hausmann berichtet von einem "Pochen auf Mutter-Vorrechte", einem "Besitzanspruch" seiner Partnerin auf das gemeinsame Kind:

> "Das einzige Rollenrelikt drückt sich bei uns so aus: Wer ist die bessere Mutter von uns beiden? Sie ist oft regelrecht eifersüchtig geworden: "Du bist dauernd um das Kind und läßt mich kaum ran, aber schließlich bin ich doch die Mutter!" (in: Schwarz-Ahrendt 1980, S. 121).

Und ein anderer:

> "Das Verhältnis zu dem Kind ist natürlich, ist ganz toll. (...) Da ist sowas, wo fast sowas wie Eifersucht bei meiner Frau dann schon kommt, weil die Verbindung zu der Kleinen natürlich viel, viel enger ist, dadurch, daß ich den ganzen Tag mit ihr zusammen bin" (in: Strümpel u.a.1988, S. 139).

Mehr familiales Engagement der Männer kann in der Folge auch Konflikte um Kindererziehung und Qualität männlicher Hausarbeit mit sich bringen. Auf Mißtrauen, Unsicherheit, manchmal auch abwehrende Reaktionen stoßen die "neuen Väter" auch in einem anderen ganz von Frauen dominierten Bereich, den Krabbelgruppen, Mutter-Kind-Gruppen, Kinderhorten und Kindergärten:

> "Manche waren so peinlich berührt, nicht was Stillen jetzt betrifft. Aber wenn ich halt dort saß und sie erzählten, wie die Entbindungen vonstatten gingen, war ihnen etwas unwohl, versuchten dann auf Stricken überzugehen oder sowas. Sie fragten, der Vater zieht also die Kinder an und aus (...) das würde mein Mann nie machen" (Hausmann, 1 Kind; ebd., S. 30).

In der Öffentlichkeit, stärker auf dem Land als in der Stadt, ist der "neue Vater" für viele noch eine obskure Person:

> "Nur wenn ich manchmal in Geschäfte reinkam und auf dem Dorf halt oben, da verstummte das Gespräch. Man sah also vorher, daß sie sich da lebhaft unterhalten haben. Und ich kam dann halt mit dem Kinderwagen da rein und dann wurden sie auf einmal still. Und da merkte man, wie manche Zahnräder da knackten und sie sich da Gedanken gemacht haben" (Zitat in: ebd., S. 30).

Die Ablehnung des ganzen Dorfes, vor allem der Männer, bekam ein Hausmann mit zwei Kindern zu spüren:

> "Wir wurden vom Dorf gemieden, die Kinder johlten hinter uns her. Einkaufen konnten wir nur noch in Ruhe im Nachbarort und in Rosenheim. (...) Das war das reinste Spießrutenlaufen. Einmal lag die ganze Wäsche im Dreck, ein andermal hatten's eine Unterhose von mir mit roter Farbe beschmiert ausgestellt: "Alois hat seine Tage" (in: Schwarz-Ahrendt 1980, S. 129).

Dieses extreme und sicher nicht verallgemeinerbare Erlebnis weist darauf hin, daß die Rolle des "neuen Vaters", vor allem in der Form des Hausmanns, gesellschaftlich noch lange nicht anerkannt ist. Männer, die aus der Rolle fallen, ernten Unverständnis von ihrer Umgebung. Strümpel u.a. gingen in ihrer Untersuchung unter anderem auch der Frage nach, wie Freunde, Kollegen und Eltern auf die neuen Rollen der Hausmänner und Teilzeitarbeiter reagierten. Von den Hausmännern berichten hierbei 62%, "daß ihre Freunde ihrer Entscheidung positiv gegenüberstanden, und 45% sprechen von Unterstützung seitens ihrer ehemaligen Kollegen. In zwei Dritteln der Fälle allerdings verhielten sich die Eltern reserviert und ablehnend. Daß Hausmänner es schwerer haben, Anerkennung zu finden, zeigt der Vergleich mit den Teilzeitbeschäftigten: von diesen erfuhren 80% Zustimmung seitens ihrer Freunde, und 70% berichteten von positiven Reaktionen der Kollegen. Außerdem hatten sie sich nur in 55% der Fälle mit einer ablehnenden Reaktion der Eltern auseinanderzusetzen" (Strümpel u.a. 1988, S. 151). Diese Zahlen lassen allerdings noch nicht auf eine allgemeine gesellschaftliche Akzeptanz schließen. Sie müssen im Kontext des spezifischen Umfelds der befragten Männer gelesen werden.

Als weiterer Hinweis auf mangelnde gesellschaftliche Akzeptanz der Rolle der "neuen Väter" sind die Schwierigkeiten und Konsequenzen zu interpretieren, die auf sie mit der Reduzierung ihrer Arbeitszeit zukommen. Zunächst gestaltet sich die Durchsetzung eines Teilzeitarbeitswunsches nicht immer als einfach. 38% der Männer, die es geschafft haben, einen Teilzeitarbeitsplatz zu erhalten, mußten dabei ernsthafte Barrieren überwinden (vgl. ebd., S. 72). Besonders auf seiten der Privatwirtschaft stößt die Option einer Reduzierung der Erwerbsarbeit zugunsten der Familie auf wenig Verständnis, ein solches Interesse wird als Illoyalität oder mangelnde Arbeitsmotivation gedeutet. "Die Grundlagen der Betriebsorganisation wie Statusdifferenzierung, Stellenhierarchie, hohe Leistungsbereitschaft, Identifikation der Mitarbeiter mit den Organisationszielen, Motivierbarkeit durch finanzielle Anreize (...) erscheinen der Geschäftsleitung in Gefahr" (ebd., S. 74). Von ihr wird Teilzeitarbeit daher oft schlichtweg abgelehnt oder muß gegen sie zäh erkämpft werden[56]. Jeder vierte Mann in Strümpels u.a. Untersuchung nimmt eine Verschlechterung seiner beruflichen Stellung wahr, mehr als 40% klagen über eingeschränkte Aufstiegschancen. Der Verlust von interessanten Arbeitsaufgaben,

---

[56] Vgl. bei Strümpel u.a. 1988, S. 72 - 94. Beispielhaft für ein solches zähes Ringen mit dem Arbeitgeber ist der Bericht von Willi Braun: Zeit fürs Vatersein. Über Diskriminierungen im Beruf. Von Schwierigkeiten, Vater- oder Mutterrollen zu verändern (1982).

Möglichkeiten zur Weiterbildung, Angst vor Beschäftigungsverlust vor allem in der Privatwirtschaft sind weitere Kosten der "neuen Väter" im Arbeitsbereich.

Die Neuaufteilung der familialen Aufgaben birgt für die "neuen Väter" also ein erhebliches Potential an Problemen, ihr Wunsch nach aktiver Vaterschaft stößt auf vielfältige Hindernisse. Daß hierbei das Modell Hausmann-Vater mit ganz besonderen Schwierigkeiten zu kämpfen hat, wurde bereits an mehreren Stellen deutlich. Dieser Eindruck wird beim Lesen von Erfahrungsberichten einiger Hausmänner bestätigt und rechtfertigt eine gewisse Skepsis gegenüber einem solchen Versuch von Männern, ihr Engagement in der Familie und bei der Kinderarbeit zu erhöhen.

Exkurs:
Der Hausmann - ein fragwürdiges Modell des "neuen Vaters"

Männer, die Haushalt und Kinder versorgen, während ihre Partnerinnen den Lebensunterhalt verdienen, haben den wohl radikalsten Rollentausch der Geschlechter vollzogen. Für einige ein freiwilliges Rollenexperiment, fällt für die Mehrzahl die Entscheidung zum Hausmann-Sein unter situativem Druck[57]. Geraten die einen im Laufe ihres Hausmann-Daseins in schwere Krisen, finden sich andere in ihrer neuen Rolle in Küche und Kinderzimmer sehr gut zurecht, werden dabei zum Teil auch vom hohen Ansehen solcher Rollenexperimente im links-alternativen "Szene-Milieu" getragen. Doch selbst bei diesen

57 Vgl. Strümpel u.a. 1988, S. 66f. Für die ersteren steht stellvertretend der Hausmanns--Erfahrungsbericht von Dave Blättner (Man(n) kommt ins Rollen. Ein Hausmann flippt aus), für die letzteren der Bericht von Hans Zengeler (Die Sorge des Hausmanns). Trotz völlig unterschiedlicher Voraussetzungen bestimmen bei beiden Berichten die Klagen über diese neue Rolle den Eindruck des Lesers.

scheinen Anfangseuphorie und Illusionen unter den Erfahrungen des Hausmann-Alltags zu zerfallen: Die Monotonie und der Stumpfsinn der immer wieder zu verrichtenden Arbeiten. Die soziale Isolation durch den Verlust der Arbeitskollegen, durch das Fremd-sein in diesen von Frauen bestimmten Welten, durch den Verlust von Freundschaften, die nicht mehr gepflegt werden können, durch das Fehlen der Kommunikation mit Männern, die in derselben Lage sind. Die finanzielle Abhängigkeit von der erwerbstätigen Partnerin. Das Gefühl, "nichts Richtiges" gearbeitet zu haben, nicht produktiv gewesen zu sein, nichts zu erleben, den "Anschluß zu verpassen", keine Anerkennung für die tägliche Arbeit zu erhalten: Worunter Hausfrauen schon lange leiden, wird nun für Männer erfahrbar. Bedeutet das Aussteigen aus dem Beruf und die Übernahme der Hausmannrolle schon an sich einen gesellschaftlichen Statusverlust, einen sozialen Abstieg, scheint das "Mann-Sein" der Hausmänner diese Situation noch zu verschärfen. Der Hausmann ist dem Druck der Männergesellschaft mit ihren rigiden Normen ausgesetzt (in ländlichen Gebieten stärker als in der Stadt, in Arbeiterkreisen eher als im Bildungsbürgertum), er wird als "Defizitwesen" angesehen, als einer, der zu faul oder unfähig ist, seine Familie zu ernähren, als einer, der "seiner Frau auf der Tasche liegt", als einer, der den Anforderungen des normalen Männerlebens nicht gewachsen ist. Gleichermaßen wird ihm von Frauen das Führen des Haushalts, die Versorgung und Erziehung der Kinder nicht zugetraut und teilweise nicht zugestanden. Er begegnet dem Mitleid und der Skepsis von Nachbarinnen, Eltern, Verwandten, anderen Müttern und oftmals gar von seiner Partnerin.

Neben diesen äußeren Widerständen haben Hausmänner auch mit beträchtlichen Anpassungsschwierigkeiten an ihre neue Rolle zu kämpfen. Kinderpflege und -versorgung, tägliches Kochen, Putzen, Waschen, die Organisation des Haushalts sind für viele Männer zunächst neue und ungewohnte Tätigkeiten, die gelernt werden müssen. Schwierig scheint es zudem für Hausmänner zu sein, ihre Tätigkeit als eine für Männer identitätsstiftende Arbeit anzusehen. Rollenklischees, "Hausfrauensyndrom" und geringe gesellschaftliche Akzeptanz führen Hausmänner in Rollenkonflikte, in Identitätskrisen, die wie Schwarz-Ahrendt aufzeigt, vor allem bei den Hausmännern wider Willen häufig bis zu Alkoholismus, Impotenz und Selbstmordversuchen führen können (vgl. Schwarz-Ahrendt 1980, S. 11).

Angesichts dieser Schwierigkeiten, die der Hausmannrolle immanent sind, verwundert es nicht, daß der Großteil der Hausmänner in Strümpels u.a. Untersuchung mit dem Zeitpunkt des Kindergartenbesuchs des jüngsten Kindes die Rückkehr in die Erwerbsarbeit anstrebt. Allerdings möchte kaum einer der Hausmänner zurück in die totale Vereinnahmung im Produktionsprozeß durch den Acht-Stunden-Tag, sondern sie sind bestrebt, einen Teilzeitarbeitsplatz zu erhalten. Damit wollen sie einerseits die meist sehr positiv gewertete Beziehung zu ihren Kindern nicht wieder ganz verlieren, andererseits möchten sie, sensibilisiert für die Probleme und Schwierigkeiten der Haushalts- und Kinderarbeit, diese nicht mehr ihren Partnerinnen alleine aufbürden.

Festzuhalten bleibt, daß das Hausmann-Sein als zeitweiliges familiäres Arrangement durchaus sinnvoll und notwendig sein kann, längerfristig jedoch als fragwürdiges Modell des "neuen Vaters" gelten muß. Diese Skepsis klingt auch aus dem Fazit von Strümpel u.a. zur Hausmannrolle an: "Unsere Ergebnisse können kaum dazu verhelfen, das Hausmann-Dasein als sozialpolitisches Modell zu propagieren. Die Ungleichheit in den Geschlechterrollen wird unter anderen Vorzeichen perpetuiert; damit geraten Hausmänner doppelt in die Defensive - einmal gegenüber traditionellen, stark geschlechtsspezifischen, zum anderen auch gegenüber eher neuartigen egalitären Rollenvorstellungen" (Strümpel u.a. 1988, S. 188).

5. Erfahrungen der "neuen Väter" in der Beziehung mit ihren Kindern

Beim bisherigen Versuch, ein Bild der "neuen Väter" aufzuzeichnen, wurde der Kernbereich der veränderten Vaterrolle ausgespart, nämlich die Beziehung zu den Kindern. Darum soll es im folgenden gehen. Wie gestalten die "neuen Väter" ihr familiäres Engagement? Ist es möglich, hier tatsächlich von Veränderungen zu sprechen? Welche Erfahrungen machen sie mit ihrer aktiven Vaterschaft, mit der engeren Beziehung zum Kind?

Strümpel u.a. stellten bei den von ihnen befragten Personen fest, daß es im Durchschnitt keine geschlechtsspezifische Rollenverteilung bei der Versorgung der Kinder gibt (vgl. Strümpel u.a.1988, S. 146). Mit der Reduzierung von Arbeitszeit von Männern ist also tatsächlich eine paritätische Beteiligung an den Aufgaben der Kinderversorgung möglich. Dabei scheint die Konstellation, in der beide Partner teilzeitarbeiten, zumindest für die Frauen am günstigsten zu sein, da mit anderen Arbeitszeiten der Partner (Hausmann - vollerwerbstätige Frau; teilzeitarbeitender Mann - vollerwerbstätige Frau) das väterliche Engagement nur geringfügig variiert, Hausmänner ihr Engagement im Laufe der Zeit sogar eher reduzieren (vgl. ebd., S. 146 - 148). Des weiteren stießen Strümpel u.a. auf folgenden positiven Sachverhalt: "Gemessen am Durchschnitt der Gesamtbevölkerung kooperieren Paare mit eingeschränkter Erwerbsarbeit des Mannes bei der Kindererziehung besonders gut: kaum einer unter den befragten Männern und Frauen fühlten sich von den Kindern überbeansprucht und vom Partner bei der Betreuung alleingelassen. Alle Indizien weisen darauf hin, daß sich mit der Einschränkung der Erwerbsarbeit des Vaters nicht nur die Versorgung der Kinder (zeitlich) besser organisieren läßt, sondern auch das "Erziehungsklima" entspannter ist" (ebd., S. 138).

Davon zeugt die Aussage der Partnerin eines teilzeitarbeitenden Vaters:

> "Das Verhältnis zum Kind ist bei uns beiden gleichgewichtig durch diese Teilzeitbeschäftigung. (...) Ich glaube, daß wir das so ganz gut hingekriegt haben, daß jeder so seinen Striemel mit dem Kind macht, und nicht einer den anderen ständig kritisiert und sagt, Du machst das nicht gut genug und so" (ebd., S. 139).

Wie erleben nun die "neuen Väter" ihre Beziehung zu den Kindern? Daß es mit der neuen und ungewohnten Rolle für einen Großteil der "neuen Väter" Anfangsschwierigkeiten technisch-organisatorischer, aber auch psychisch-emotionaler Art gibt, dies wurde bereits im vorigen Kapitel deutlich. Dennoch wird die intensivierte Betreuung des Kindes und die dadurch verbesserte Beziehung zwischen Vater und Kind überwiegend "als beglückend und als "Hauptgewinn" ihrer Entscheidung für eingeschränkte Erwerbsarbeit empfunden" (ebd., S. 9). Teilweise unerwartet, erzeugt dies große Zufriedenheit:

> "Ich habe mir früher - also früher heißt, bevor das Kind da war - nicht so unbedingt vorstellen können, was ich auch persönlich so als Befriedigung aus dem Kind ziehen könnte" (teilzeitarbeitender Vater, in: Hoff/Scholz 1985, S. 79).

Die (Mit-)Verantwortung bei der Kinderpflege und die partnerschaftliche Aufteilung der Kinderbetreuung schaffen eine engere Bindung zwischen Vater und Kind, die es dem Kind wie im folgenden Beispiel ermöglicht, auch zum Vater eine vertrauensvolle und emotionale Beziehung aufzubauen:

"Also, das ist auch so vom Jan her (...), daß er, der Jan, eigentlich auch sieht, daß der Thomas (mein Mann) eigentlich mehr verantwortlich ist, ja präsent ist. Er holt ihn dann eben nachmittags vom Kinderladen ab und ist halt dann abends mit ihm zusammen und bringt ihn ins Bett an den meisten Tagen, so daß es vom Jan auch völlig akzeptiert wird. (...) also eher daß, wenn mal irgendwas ist, er zum Thomas hinrennt und also da sich ausweint als zu mir" (Partnerin eines teilzeitarbeitenden Vaters; in: Hoff/Scholz 1985, S. 84).

Das Verhältnis zu den Kindern verbessert sich, wird intensiver:

"Ich hatte ihn tatsächlich (...) ein Baby ganz für mich alleine - was also an Verantwortung und dergleichen nun durchaus was ganz Neues war und (...) was für mich wirklich verblüffend war und - um es ideologisch zu überbauen - auch beglückend. Dieses Kind, durch diesen ständigen auch körperlichen Umgang mit ihm, fand ich, hab' ich überhaupt erstmal gelernt, daß ich auch mit Kindern zärtlich sein kann - und wirklich von Herzen" (Hausmann, 3 Kinder; in: Strümpel u.a. 1988, S. 134).

Was dieser Vater ausspricht, klingt immer wieder durch die Erfahrungsberichte der "neuen Väter" durch: In der Verantwortung für Kinder entdecken und verändern sie auch sich selbst:

"Sich auf Kinder wirklich einlassen bedeutet, die Gesellschaft, das eigene Leben und die eigene Person mit anderen Augen wahrzunehmen. ... Das Kind zwingt den Vater zu Auseinandersetzungen, stellt die bisherigen Orientierungen grundsätzlich in Frage und kann ihn dazu bringen, auch außerhalb der Familie, im Beruf, die bisherige Prioritätensetzung nicht mehr hinzunehmen" (Bullinger 1987, S. 23 f.).

Sobald die "neuen Väter" mit der Kinderversorgung zurechtkommen und sich sicher darin fühlen, bringt das "Belohnungen" für sie, die mit der Berufsorientierung zu konkurrieren beginnen. Eine solche Veränderung erlebte dieser Vater:

> "Aufgrund des Da-Seins und Zusammenlebens mit Nina hat sich in meinem Verhältnis zur Arbeit eine wichtige Wandlung vollzogen. Die Arbeit, über die ich mich materiell reproduziere, hat sich in ihrer politischen und identitätsstiftenden Bedeutung relativiert" (Hafenegger 1982, S. 123).

Bei Volker Elias Pilgrim wird schließlich das Kind zum Vorbild, zur Erlösung des in seinem Männlichkeitspanzer steckenden Vaters:

> "Das Kind gibt mir Rollenfreiheit"
> "Das Kind löst meine Resignation auf"
> "Das Kind macht mich weich zum Lieben"
> "Das Kind versöhnt mich mit meiner eigenen Erziehung"
> "Das Kind bringt mir Bescheidenheit bei"

So lauten die Schlagworte seiner Erfahrungen aus dem Erleben von Kindern (vgl. Pilgrim 1978, S. 134 - 137). Auch wenn sich bestimmt nicht alle "neuen Väter" diesen sich eher wie eine naive Utopie anhörenden Sätzen anschließen können, scheinen sich doch auch für sie im Erleben ihrer Kinder einzelne Ansatzpunkte für eine neue männliche Identität herauszuformen, die offener ist für Sinnlichkeit und Gefühle, distanzierter ist von den Vorschriften und Verhaltensbeschränkungen der Männerrolle. Eine intensivere Vater-Kind-Beziehung scheint Impulse für eine Art zweiter Sozialisation von Männern hin zu einer veränderten Geschlechtsrolle zu beinhalten.

6. Zusammenfassung

Der Versuch, die "neuen Väter" näher zu charakterisieren, ein Bild von ihnen zu entwerfen, ermöglicht es jetzt, einige, wenn auch vorsichtige Antworten auf die am Ende vom zweiten Teil gestellten Fragen zu formulieren. Vorsichtige Antworten deshalb, weil dieses Bild nicht den Anspruch auf Repräsentativität oder gar Objektivität erheben kann. Es stellt einen Ausschnitt aus Erfahrungs- und Selbsterfahrungsberichten dar und macht deutlich, daß die Lebenslagen der einzelnen Väter, ihr Zurechtkommen in der neuen Rolle, individuell ganz unterschiedlich sein können, daß daneben aber doch auch gewisse Übereinstimmungen zu finden sind.

Dazu gehört zunächst, daß eine engagierte Vaterschaft wohl kaum ohne die Reduzierung der Erwerbstätigkeit von Männern realisiert werden kann. Motive für eine solche Veränderung sind vielfältig, größere Bedeutung scheint dem dringenden Wunsch der Partnerinnen zuzukommen, nicht mehr allein auf Haus- und Kinderarbeit eingeschränkt, sondern ebenso berufstätig zu sein. Desweiteren ist hierbei tatsächlich das Empfinden eines Defizits angesichts einseitiger Berufsorientierung, aber auch ein ureigenes Interesse der Väter am Kind selbst anzuführen. Daß die "neuen Väter" sich auf dieses Rollenexperiment einlassen, läßt vermuten, daß sie die Starrheit der traditionellen Männerrolle bereits durchbrochen haben.

Den Schritt zu den neuverteilten Rollen müssen sich die jeweiligen Paare allerdings auch leisten können - in sozialer, psychischer und nicht zuletzt in materieller Hinsicht. Daß es hierbei zahlreiche Hindernisse und Schwierigkeiten zu überwinden und zu meistern gibt, wurde überdeutlich. Gesellschaftlich stößt diese ungewohnte Rolle des Mannes durchaus noch nicht auf allgemeine Anerkennung, ruft teilweise eher, und vor allem im Falle von Hausmännern, Verunsicherung und Ablehnung hervor. Hier sind die "neuen Väter" gewissermaßen "Pioniere" für eine neue Rolle des Mannes, was sie häufig auch selbst so empfinden. Aber auch diese "Avantgarde" muß über den Schatten ihrer eigenen Sozialisation springen. Zunächst gibt es in der Geschichte dieser Männer kaum Väter, die ihnen als Vorbild für die eigene Gestaltung ihrer neuen Rolle dienen könnten. Desweiteren stellt der Alltag in Haushalt und Kinderzimmer meist Neuland für Männer dar. Praktisch-organisatorische und psychisch-emotionale Anforderungen im Umgang mit den Kindern, dazu negative Reaktionen des engeren und weiteren Umfeldes, stellen Belastungen dar, die "neuen Vätern" Probleme mit ihrer Vaterschaft, aber auch mit ihrem Selbstbild von sich als Mann, ihrer männlichen Identität verschaffen. Einiges deutet darauf hin, daß bei der Pflege, Versorgung und Erziehung der Kinder die "männliche Persönlichkeit"[58] durchaus als behindernd erlebt werden kann. Nähe statt Distanz, Hingabe, Geduld, Fürsorglichkeit und Zärtlichkeit, die das Kind den "neuen Vätern" ständig abfordert, können das Verhaltensrepertoire der "männlichen Persönlichkeit" überfordern. Allerdings, und dies kann den Äußerungen der "neuen Väter" auch entnommen werden, scheint eine solche Behinderung im Verlauf der Vater-Kind-Beziehung überwindbar zu sein, können Väter diese "weiblichen" Eigenschaften (wieder-)entdecken, (wieder-)erlernen und aktualisieren.

Insgesamt wird die intensivierte Beziehung zu den Kindern, das Erleben des Kindes als positiv, ja beglückend bewertet. Können anfängliche Schwierigkeiten überwunden werden, dann beginnt die

---

58 Vgl. Chodorow 1985, S. 265: Männer werden "ohne bestimmte psychische Eigenschaften und Einstellungen ausgestattet, die primäre Elternbeziehungen ermöglichen".

Kinderversorgung und -betreuung auch für Männer identitätsstiftenden Charakter zu erhalten, womit andere bisher wichtige Orientierungen, wobei vor allem an die Berufstätigkeit zu denken ist, in ihrer Bedeutung für den einzelnen relativiert werden.

Neben diesen festzuhaltenden Ergebnissen scheint mir die Erkenntnis der Untersuchung von Strümpel u.a. recht bedeutungsvoll, daß das Modell teilzeitarbeitender Vater und teilzeitarbeitende Mutter, weniger dagegen der Hausmann mit erwerbstätiger Partnerin, die für Männer und Frauen zufriedenstellendste Konstellation familiärer Arbeitsteilung und väterlichen Engagements in der Familie darstellt. Dieses Modell entspricht genau der von Chodorow geforderten Neuorganisation der Elternschaft, der Aufhebung der Asymmetrie elterlicher Positionen im Produktions- und Reproduktionsbereich, um den Kreislauf der Reproduktion "männlicher" und "weiblicher Persönlichkeit" und somit die Ungleichheit der Geschlechter zu durchbrechen.

Ob und wie sich das Rollenexperiment "neuer Vater" verbreitet und durchsetzt, bleibt völlig offen. Es wäre voreilig, aufgrund der bisherigen Erkenntnisse ein allzu rosiges Bild von den "neuen Vätern" zu malen. Wie gezeigt, ist auch bei dieser Aufgabe das Positive nicht ohne das Negative zu haben. Die "neuen Väter" zeigen sich begeistert *und* überfordert, die Illusion und das Spaßprinzip sind gewissermaßen dem Realismus einer erfahrungshaltigen Ambivalenz gewichen.

Teil 4:
Rückblick und Ausblick

Die Spur der Väter wurde über verschiedene "historische Stationen" hinweg vom Vater des "ganzen Hauses" bis zu den "neuen Vätern" verfolgt. Es wurde deutlich, daß das asymmetrische Arrangement der "traditionellen Familie", die entsprechenden Geschlechtsrollencharaktere und Geschlechtsstereotypen, und eben auch das Leitbild des traditionellen Vaters ihre Wurzeln in historisch weit zurückliegenden gesellschaftlichen, sozialen und kulturellen Verhältnissen haben. Desweiteren konnte gezeigt werden, daß sich mit dem Wandel dieser Verhältnisse auch die Rolle des Vaters als Segment der Rolle des Mannes veränderte, oder besser gesagt erodierte. Beinahe alle Funktionen, die dem traditionellen Vater zugeschrieben wurden, verloren für ihn an Bedeutung. Produkt dieser Entwicklung war, beziehungsweise ist, das Bild vom abwesenden Vater, der, berufs- und außenweltorientiert, nicht zuständig für die Pflege, Versorgung und Erziehung seiner Kinder ist und gewollt oder ungewollt (die "Schuldfrage" soll hier einmal beiseite gelassen werden) eine Randposition im Beziehungsgeflecht des Matriarchats Familie einnimmt.

Vor diesem Hintergrund wurden vom Ansatz her recht unterschiedliche Theorien zur Geschlechtssozialisation (hier speziell von Jungen) daraufhin befragt, welche Bedeutung sie dem Vater dabei zukommen lassen, welche Spuren Väter bei ihren Söhnen hinterlassen und mit welchem Bild vom Vater, mit welchen Konzeptionen von Geschlechtsrollen sie dabei arbeiten. Darüber hinaus, ergänzend zur historisch-soziologischen Fragestellung, richtete sich das Interesse auf die innerpsychischen Prozesse und Zustände von Männern und deren Entwicklung im Sozialisationsprozeß, die wiederum der Realisierung der Vaterrolle zugrundeliegen.

Der soziologisch-psychoanalytisch orientierten Sozialisationstheorie von Nancy Chodorow kam hierfür besonderer Erkenntniswert zu. Chodorow arbeitet ebenso wie die anderen dargestellten Theorien mit dem Bild des traditionellen, das heißt des berufs- und außenweltorientierten, nicht primär für die Pflege, Versorgung und Erziehung seiner Kinder zuständigen Vaters. Die Bedeutung des Vaters bei der geschlechtsspezifischen Sozialisation seiner Söhne liegt bei Chodorow, ganz im Gegensatz zu den anderen Theorien, nun aber gewissermaßen darin, daß er keine Bedeutung in den ersten Lebensjahren seiner Kinder hat, daß er seinen Kindern in der Kleinkindphase nicht zugänglich ist. Die Konsequenzen, die Chodorow für den Prozeß der männlichen Geschlechtssozialisation aufzeichnet, die Entwicklung der "männlichen Persönlichkeit", die es Männern erschwert, eine engagierte Vaterschaft zu leben, lassen die Haltung der Väter, wie sie in der Untersuchung von Ryffel-Gericke zu Tage kam, in einem anderen Licht erscheinen: Die geringe Bewertung und Ausfüllung der Vaterschaft im männlichen Lebenszusammenhang ist nicht nur mit dem "Funktionsverlust" der Vaterrolle, nicht nur mit der gesellschaftlichen Einordnung der Haus- und Kinderarbeit unter die Erwerbstätigkeit, nicht nur mit dem Druck von Geschlechtsrollenstereotypen oder der Sicherung von Privilegien durch die Männer zu erklären, sondern muß auch als Produkt männlicher Sozialisation, in der die Fähigkeiten zum "Muttern" verschüttet wurden, gesehen werden. Was Chodorow für die Rolle der Frau und Mutter aufzeigt, kann auch für die Vaterrolle geltend gemacht werden: Solange die gesellschaftlichen, sozialen und familialen Verhältnisse stabil bleiben, solange werden Männerrolle und Vaterrolle schlichtweg reproduziert.

Heute jedoch, und dies erfassen die dargestellten Sozialisationstheorien nicht, ist offensichtlich, daß die traditionellen Rollen von Frauen und Männern im Umbruch sind. Vor allem weibliche, aber auch männliche Normalbiographien differenzieren sich, die Bilder von Männern und Vätern werden vielfältiger. Was sich in der Perzeption von Geschlechtsrollendefiziten andeutet, was sich in den erfahrbaren Widersprüchen von Männer- und Vaterrolle und den daraus resultierenden Verunsicherungen und Irritationen niederschlägt, findet schließlich, sehr vereinzelt und zaghaft zwar, im Phänomen der "neuen Väter" seine vorläufige Spitze. Diese Männer unterscheiden sich in vielfacher Hinsicht von ihrer eigenen Vätergeneration: Sie reduzieren ihre Berufsarbeit zugunsten ihres Engagements in der Familie; sie sind in der Versorgung und Pflege der Kleinkinder ebenso aktiv wie ihre Partnerinnen; sie suchen und finden die Nähe zu ihren Kindern und lernen darin eine auch für Männer identitätsstiftende Tätigkeit kennen, die nicht ohne Auswirkungen auf ihre "männliche Persönlichkeit" bleibt. Daß dieses Rollenexperiment nicht ohne Probleme mit der eigenen Rolle als Mann, nicht ohne Behinderung durch das Produkt männlicher Sozialisation, der "männlichen Persönlichkeit", aber auch nicht ohne Schwierigkeiten mit dem engeren und weiteren Lebensumfeld abläuft, spiegelt sich in den Erfahrungsberichten der "neuen Väter", und verstärkt bei den Hausmännern, wider. Dennoch scheint in ganz besonderer Weise das Arrangement gleichverantwortlicher Elternschaft mit jeweils teilzeitbeschäftigten Vätern und Müttern ein hohes Maß an Zufriedenheit für Männer und Frauen zu ermöglichen.

Angesichts neuer Möglichkeiten, angesichts der Forderungen nach Partnerschaft und angesichts der Erosion der traditionellen Vater-Vorbilder müssen sich die "neuen Väter" ihre eigene "Vater-Geschichte" zurechtbasteln. Dies geschieht nicht von heute auf morgen, sondern ist ein langsamer und hindernisreicher Prozeß. Ein Prozeß von Männern und Frauen, in dessen Verlauf beide Geschlechter von der Vorherrschaft in Gesellschaft und Arbeitswelt beziehungsweise Familie abrücken müssen. Dabei darf die Rückkehr der Väter in die Familie nicht zu einer Ausweitung oder Restauration männlicher Dominanzkultur - jetzt im Bereich der Familie - werden. Vielmehr wird es zur Aufgabe der Partnerschaft, in einer Art "geschlechterempathischen Diskurs" (vgl. Böhnisch/Winter 1993) die individuellen Vorstellungen, Interessen, Neigungen und Aufgaben abzuklären und aufeinander abzustimmen. Hier können die "neuen Väter" Vor-Bilder und "Pioniere" für andere Männer und Väter werden, die angesichts ihrer jetzigen männlichen Normalbiographie Defizite empfinden, aber noch nicht den Mut und Willen haben, aktiv für eine neue Rollen- und Lebensgestaltung einzutreten. Dabei kommt es darauf an, die klassischen Vaterfunktionen zu erweitern, neu auszugestalten und - im Hinblick auf die Beschützerfunktion angesichts ihrer Fragwürdigkeit - auch fallen zu lassen. Nicht der biologische, sondern der soziale Vater ist gefragt: Ein Mann, der Pflege, Versorgung und Erziehung wirklich ernst nimmt. Wenn sich persönliche Einstellungen von Männern und Vätern verändern sollen, dann bedarf es gleichzeitig struktureller Veränderungen auf gesellschaftlicher Basis: gesellschaftliche Reformen im arbeitsmarktpolitischen, familienpolitischen und sozialen Bereich.

Über den Ausgang und die Ergebnisse der neuartigen Erfahrungen mit der Vaterschaft, des Rollenexperiments der "neuen Väter" gibt es derzeit noch recht wenig Definitives zu sagen. Euphorie bezüglich einer raschen und weiten Verbreitung der "neuen Väterlichkeit" scheint keinesfalls angebracht zu sein. Ob und wie diese Männer in veränderter Weise auf die geschlechtsspezifische Sozialisation ihrer Söhne einwirken, läßt sich bisher fast nur vermuten. Chodorow erhofft sich von ihnen die Aufhebung der Asymmetrie der Elternschaft mit all ihren Auswirkungen auf die "weibliche und männliche Persönlichkeit", eine veränderte Gestaltung partnerschaftlicher Beziehungen, eine "positive männliche Identität", die nicht an die Abwertung von Frauen und die Verdrängung des "Weiblichen" gebunden ist, letztendlich die gesellschaftliche Gleichstellung von Mann und Frau. Ulrike Schmauch erkennt bei den Söhnen der wenigen "neuen Väter" bessere Chancen, kindliche mit elterlichen, weibliche mit männlichen Anteilen zu integrieren.

Möglicherweise helfen die "neuen Väter", die aus dem Blickwinkel einer "kritischen Perspektive der Jungensozialisation" erkannten besonderen Schwierigkeiten des Mann-werdens von Jungen zu überwinden: Ein täglich erfahrbarer Vater, mit all seinen positiven und negativen Gefühlsäußerungen, mit seinen Konflikten und Enttäuschungen, mit seinem Gelingen und Versagen, könnte dem Sohn ermöglichen, realistische, nicht phantastische Bilder von Männlichkeit zu entwickeln. Ein Vater, der verfügbar, in der Familie aktiv, fürsorglich und zugewandt erfahren wird, bietet dem Sohn die Möglichkeit, sich mit einem persönlichen, konkreten und emotionalen männlichen Identifikationsobjekt zu identifizieren. Darauf weisen einige der zitierten Ergebnisse empirischer Forschung ebenso hin, wie auf die Tatsache, daß "weibliche" Aktivitäten des Vaters, wenn er diese mit Überzeugung ausführt, der Identifikation des Sohnes mit dem Vater und der Entwicklung einer "männlichen Orientierung" keinen Abbruch tun. Vielmehr ist zu erhoffen, daß diese "männliche Orientierung" der Söhne durch das Modell des "neuen Vaters" mit "weiblichen" Verhaltensweisen und Eigenschaften angereichert wird, beziehungsweise diese im männlichen Sozialisationsprozeß nicht unterdrückt werden müssen. Damit wäre ein Weg zur Flexibilisierung der Geschlechtsrollen bereitet, wodurch Jungen und Männern ein bedeutend erweitertes Repertoire an Verhaltens- und Ausdrucksmöglichkeiten zur Verfügung stehen würde.

Daß sich die eben skizzierten Auswirkungen der "neuen Väterlichkeit" auf die Geschlechtssozialisation von Söhnen vorwiegend im Bereich der Vermutungen und Hoffnungen bewegen, ist nicht zuletzt Ausdruck eines Defizits bisheriger Forschung und Theorie zur männlichen Sozialisation. Soll dieses Defizit überwunden werden, bedarf es einer "kritischen Theorie und Forschung", die männliche Sozialisation - aus der Sicht von Männern - erklärt.

Eine entsprechende Forschung muß über die Zeit und die familialen Einflüsse in Kindheit und Jugend hinausgehen; männliche Sozialisation, und dafür stehen die "neuen Väter" als Beispiel, ist ein lebenslanger Prozeß. Dies bedeutet, daß nicht nur der Einfluß des Vaters auf die geschlechtsspezifische Sozialisation von Söhnen, sondern, wie es das Anliegen dieser Arbeit war, auch die Vaterrolle selbst, als eines der potentiell bedeutendsten männlichen Rollensegmente, und deren Wandel bis hin zu den "neuen Vätern" in Theorie und Forschung berücksichtigt werden sollte. Dabei stellt die Erforschung der Auswirkungen der "neuen Väterlichkeit" auf die Geschlechtssozialisation von Jungen, aber auch von Mädchen, ein Neuland dar, das zu betreten äußerst interessant sein dürfte.

Die Beseitigung dieses Forschungs- und Theoriedefizits allein reicht allerdings nicht aus. Genauso notwendig erscheint es, Horizonte eines "anderen Mann-seins" und darin enthalten die Teilrolle "neuer Väterlichkeit" aufzuzeigen. Es geht auch darum, Phantasien zu entwickeln und diese zu leben, selbst dann, wenn sie zunächst eher experimentellen Charakter tragen. Um sich solchen Horizonten überhaupt nähern zu können, muß die ökonomisch-politische Verknüpfung von Mannsein und Patriarchat als Machtstruktur aufgelöst werden. Erst durch diese - gedankliche und praktische - Entkoppelung können soziale Erfahrungs- und Bestätigungsräume für nicht dominantes Männerverhalten entstehen, Erfahrungs- und Bestätigungsräume eines "anderen Mannseins", das nicht mehr auf Frauenabwertung angewiesen ist.

Als Beispiele hierfür können die "neuen Väter" gelten, die im Lebens- und Erfahrungsraum Familie Ansätze eines "anderen Mannseins" suchen (und oft auch finden). Allerdings wurde auch bei diesen Männern deutlich, daß der Weg dahin unsicher war (und noch ist) und einiger Unterstützung bedurfte (und sei es des Drucks ihrer Partnerinnen). Deshalb ist danach zu fragen, welche Formen von Unterstützung, welche praktischen Ansatzpunkte es geben könnte, Patriarchat und individuelle Männlichkeit zu entkoppeln, Wege zu einem "anderen Mannsein" zu öffnen. Aus pädagogischer Sicht lassen sich hierfür nach der bisherigen Darstellung zwei Ansatzpunkte herauskristallisieren, die für eine Erziehung - oder besser: Begleitung - zu einer anderen Männlichkeit besonders wichtig und möglicherweise recht erfolgversprechend sein können: Jungenarbeit und Bildungsarbeit mit Männern.

Jungenarbeit

Erst in den letzten Jahren wurde versucht, vor dem Hintergrund einer mehr oder weniger unvollständigen, "löchrigen" Theorie männlicher Sozialisation bewußte (antisexistische, emanzipatorische, reflektierte, kritische) Jungenarbeit in Theorie und Praxis zu betreiben. Sie legitimiert sich durch die besonderen Problemkonstellationen von Jungen/ Männern im Prozeß der gesellschaftlich-sozialen Veränderungen und ihren Auswirkungen auf das "Mann-werden" und "Mann-sein" (Enttraditionalisierung, Individualisierung, Pluralisierung, Frauenbewegung) einerseits, andererseits durch die besonderen biographischen Aspekte männlicher Sozialisation in früher Kindheit, Kindheit und Jugend.

Nicht nur als Eingänzung zur beinahe schon etablierten Mädchenarbeit, sondern aus einer eigenständigen, kritischen männlichen Position und Perspektive heraus kann Jungenarbeit die Sozialisationsprozesse von Jungen, sowohl hinsichtlich ihrer individuellen als auch ihrer gesellschaftlichen Wirkungen hinterfragen und kritisch begleiten und gleichzeitig soziale Freiräume schaffen, in denen Jungen vielfältigere und "andere" Formen von Männlichkeit erproben und erfahren können. Jungenarbeit soll für die Defizite, Zwänge und Probleme heranwachsender Männer sensibilisieren, die Gewinnseiten einer "alternativen" Männlichkeit vermitteln und zu entsprechenden Veränderungen motivieren. (Hierin liegt wohl eine der schwierigsten Aufgaben von Jungenarbeit, da solche Veränderungen für Jungen/Männer auch immer Entscheidungen und Verluste bedeuten!).

Nur stichwortartig möchte ich einige solche "Gewinnchancen" anreißen: eine Vielfalt an Empfindungs-, Ausdrucks- und Lebensmöglichkeiten; eine wechselseitige Anerkennung zwischen Männern und Frauen; solidarische, liebevolle Beziehungen zwischen Männern; weniger Konkurrenz und Gleichgültigkeit, weniger Kontroll- und Leistungsdruck; weniger Selbstzerstörung; mehr Geborgenheit, lust- statt machtbetonte Sexualität; und längerfristig ein Zurückdrängen des Patriarchats und der Zerstörung von Mensch und Natur.

Eine breite Palette von Beispielen aus der Praxis (vgl. Winter/Willems 1991) steht dafür, daß Jungenarbeit in sämtlichen pädagogischen Bereichen eingesetzt und angewandt werden kann (z.B. Kindergarten, Schule, Jugendverbände, Beratungsstelle, Heim). Dabei scheint es besonders wichtig zu sein, daß männliche Pädagogen sich auch in traditionell "weiblichen" Bereichen bewegen und plazieren: in Kindertagesstätten, Kindergärten, Grundschulen, wo sie üblicherweise fehlen. Analog gilt dies aber auch für "nichtprofessionelle" Erzieher, nämlich für Väter, andere männliche Bezugspersonen und Ehrenamtliche in sozialen Bereichen, sich verstärkt in der Pflege, Versorgung und Erziehung von Kindern zu engagieren (Dies setzt einerseits voraus, daß sich Männer diese Bereiche aneignen, andererseits aber auch, sie sich von Frauen zu "nehmen" - und es verlangt nach Frauen, die dies zulassen können).

Bildungsarbeit mit Vätern/Männern

Die bloße Forderung an Väter bzw. Männer zu mehr familiärem Engagement, zur Veränderung ihrer Rollen und ihres Selbst nützt meist wenig. Sie bleibt oft im Gewirr von männlichem Hegemonialverhalten, dominanten Geschlechtsstereotypen, von Abwehr und Verunsicherung stecken. "Kritische" männerspezifische Bildungsarbeit muß mit diesen Behinderungen rechnen (und zunächst auch mit den Widerständen arbeiten). Ein günstiger Ansatzpunkt pädagogischer Arbeit mit Männern besteht da, wo Männer selbst Defizite bezüglich ihrer Geschlechtsrolle erleben und benennen. Dies kam ja z.B. in der Untersuchung von Ryffel-Gericke zum Ausdruck: Mehr als die Hälfte der befragten Männer empfanden ihrer emotionalen Bereich und ihre innere Entfaltung als defizitär; 80% beklagten die einseitige Überanspruchung durch den Beruf zuungunsten der Familie.

Wenn solche Defizite erkannt werden, besteht wohl am ehesten der Wunsch nach Veränderung. Hier könnte die Aufgabe einer Bildungsarbeit mit Männern und Vätern darin bestehen, Anerkennung für die Probleme der Männer zu geben und Wege zur Veränderung aufzuzeigen. Allerdings stellt sich im gesamten Bereich der Bildungsarbeit das Problem der Erreichbarkeit von Männern. Deshalb ist ein erweiterter Bildungsbegriff erforderlich, der eher am Alltag der Männer ansetzt. So sind z.B. "Väternachmittage" im Kindergarten neben dem Erlebnis durchaus auch ein Bildungsangebot (vgl. Kerber 1991, S. 27 f.). In Schulen und Beratungsstellen sollte nicht nur auf die Wichtigkeit der Beteiligung von Vätern am Familienalltag und der Erziehung hingewiesen werden, sondern dies verstärkt als Selbstverständlichkeit eingefordert werden. Denkbar wäre ferner die - öffentliche und ideelle - Unterstützung von Männern, die sich um Teilzeitarbeitsplätze bemühen.

Diese und noch weitere Aufgaben der Männerbildungsarbeit werden zum Teil bereits übernommen und durch positive Perspektiven angereichert: Von den inzwischen etablierten Männer(beratungs)zentren und -Treffs, aber auch von den immer wieder entstehenden und (meist wegen aussichtsloser Förderung) oft wieder untergehenden

Männerinitiativen. Das ist deshalb besonders schmerzlich, weil genau solche Angebote für Männer fehlen.

Klingen manche dieser Gedanken zur Veränderung der Situation von Männern und Vätern noch recht utopisch, ist es dennoch wichtig, solche - und viele weitere - Phantasien zu entwickeln und erst dann über die Möglichkeit der Realisierung nachzudenken. Immer mehr Männer begnügen sich nicht mehr damit, die Defizite des Mannseins zu beklagen, sondern wagen es, ihre gewohnten Rollen als gestaltbar anzusehen. Sie verlassen ihre Sicherheiten und Privilegien und entdecken dabei ein "anderes Mannsein" (vgl. Böhnisch/Winter 1993).

Veränderungen sind mühsam. Sie bleiben oft auf halbem Wege stecken und stagnieren. Dieses Buch soll dazu anregen und ermutigen, mal wieder einen Schritt weiter zu gehen.

Literaturverzeichnis

BANDURA, A. (Hg.): Lernen am Modell. Stuttgart 1976.

BANDURA, A.: Sozialkognitive Lerntheorien. Stuttgart 1979.

BANDURA, A./WALTERS, R.H.: Social Learning and Personality Development. New York 1963.

BANGE, D.: Sexueller Mißbrauch an Jungen. In: Winter (Hg.): Stehversuche. Schwäb. Gmünd und Tübingen 1993, S. 119 - 148.

BECK, U.: Risikogesellschaft. Auf dem Weg in eine andere Moderne. Frankfurt a.M. 1986.

BECK-GERNSHEIM, E.: Das halbierte Leben. Männerwelt Beruf, Frauenwelt Familie. Frankfurt a.M. 1980.

BERGMANN-GRIES, J. (u.a.): Geschlechtsrollen im Wandel. Schriftenreihe des BMJFFG Bd.235. Stuttgart, Berlin und Köln 1988.

BILDEN, H.: Geschlechtsspezifische Sozialisation. In: Hurrelmann,K./Ulich,D. (Hg.): Handbuch der Sozialisationsforschung. Weinheim und Basel, 2. Aufl., 1982, S. 777 - 812.

BLÄTTNER, D.: Man(n) kommt ins Rollen. Ein Hausmann flippt aus. Reinbek 1985.

BÖHNISCH, L./BLANC, K.: Die Generationenfalle. Von der Relativierung der Lebensalter. Frankfurt a.M. 1989.

BÖHNISCH, L./WINTER, R.: Männliche Sozialisation. Weinheim und München 1993.

BONORDEN, H. (Hg.): Was ist los mit den Männern? Stichworte zu einem neuen Selbstverständnis. München 1985.

BONORDEN, H.: Mann wird Vater. München 1989.

BOPP, J.: Die Mammis und die Mappis. Zur Abschaffung der Vaterrolle. In: Kursbuch 76, Berlin 1984, S. 53 - 74.

BRAUN, W.: Zeit fürs Vatersein. In: Gerspach, M./Hafenegger, B. (Hg.): Das Väterbuch. Frankfurt a.M. 1982, S. 128 - 134.

BRIGITTE: Brigitte-Buch '83: Als Kind mißbraucht. Hg. von Gardiner-Sirtl, A. München 1983.

BULLINGER, H.: Wenn Männer Väter werden. Hamburg 1987.

CANITZ, H. VON: Väter. Die neue Rolle des Mannes in der Familie. Düsseldorf und Wien 1980.

CHODOROW, N.: Das Erbe der Mütter. München 1985.

DAIMLER-BENZ-PRESSEINFORMATION: Frauenförderung bei Daimler-Benz: Positive Zwischenbilanz bei "Familienpause"- Weitere vielfältige Aktivitäten für Mitarbeiterinnen. Stuttgart-Möhringen am 11.12.1990.

DUNDE, S.R. (Hg.): Neue Väterlichkeit. Gütersloh 1986.

DUSS-VON WENDT, J.: Wandlungen im Bild des Familienvaters. In: Schultz, H.J. (Hg.): Vatersein. München 1984, S. 160 - 169.

ECKERT, R. (Hg.): Geschlechtsrollen und Arbeitsteilung. München 1979.

ENGELKE, K.: ... und habe nichts als Angst. In: Gerspach, M./Hafenegger, B.: Das Väterbuch. Frankfurt a.M. 1982, S. 32 - 36.

FAULSTICH, W./GRIMM, G.E. (Hg.): Sturz der Götter? Vaterbilder im 20. Jahrhundert. Frankfurt a.M. 1989.

FEND, H.: Sozialgeschichte des Aufwachsens. Frankfurt a.M. 1988.

FILIPP, S.H. (Hg.): Kritische Lebensereignisse. München, Wien und Baltimore 1981.

FRANCK, B.: Mütter und Söhne. Hamburg 1981.

FREUD, S.: Abriß der Psychoanalyse. (Erstveröffentlichung London 1941). Veröffentlicht im Fischer Taschenbuchverlag, Frankfurt a.M. 1972.

FREUD, S.: Drei Abhandlungen zur Sexualtheorie. (Erstveröffentlichung 1925). Veröffentlicht im Fischer Taschenbuchverlag, Frankfurt a.M. 1961.

FREUD, S.: Sexualleben (Studienausgabe Bd.V). Frankfurt a.M. 1982.

FRIEDRICH, W.: Jungen/Männer und Körperlichkeit. In: Willems, H./Winter,R. (Hg.): "... damit du groß und stark wirst". Beiträge zur männlichen Sozialisation. Schwäbisch Gmünd und Tübingen 1990, S. 29 - 54.

FTHENAKIS, W.E.: Väter. Bd.1: Zur Psychologie der Vater-Kind-Beziehung. München, Wien und Baltimore 1985.

FTHENAKIS, W.E.: Väter. Bd.2: Zur Vater-Kind-Beziehung in verschiedenen Familienstrukturen. München, Wien und Baltimore 1985.

GERSPACH, M.: Gibt es eine neue Väterlichkeit? In: Gerspach, M./ Hafenegger, B.: Das Väterbuch. Frankfurt a.M. 1982, S. 37 - 58.

GEULEN, D.: Sozialisationstheorie. In: Eyfarth/Otto/Thiersch (Hg.): Handbuch zur Sozialarbeit/Sozialpädagogik. Neuwied und Darmstadt 1987, S. 957 - 973.

GEULEN, D./HURRELMANN, K.: Zur Programmatik einer umfassenden Sozialisationstheorie. In: Hurrelmann, K./Ulich, D. (Hg.): Handbuch der Sozialisationsforschung. Weinheim und Basel, 2.Aufl., 1982, S. 51 - 70.

GOLDBERG, H.: Der verunsicherte Mann. Hamburg 1979.

GLOER, N./SCHMIEDESKAMP-BÖHLER, J.: Verlorene Kindheit. Jungen als Opfer sexueller Gewalt. München 1990.

GREEN, M.: Die Vater-Rolle. Hamburg 1977.

HÄRTLING, P.: Nachgetragene Liebe. Frankfurt a.M. 1982.

HÄTSCHER, W.: Florians Geburt. In: Gerspach, M./Hafenegger, B. (Hg.): Das Väterbuch. Frankfurt a.M. 1982, S. 23 - 30.

HAFENEGGER, B.: Der Teilzeitvater. In: Gerspach, M./Hafenegger, B. (Hg.): Das Väterbuch. Frankfurt a.M. 1982, S. 114 - 127.

HAGEMANN-WHITE, C.: Sozialisation: weiblich-männlich? Opladen 1984.

HAGEMANN-WHITE, C./WOLFF, R.: Lebensumstände und Erziehung. Frankfurt a.M. 1975.

HAUSEN, K.: Die Polarisierung der "Geschlechtscharaktere" - Eine Spiegelung der Dissoziation von Erwerbs- und Familienleben. In: Conze, W. (Hg.): Sozialgeschichte der Familie in der Neuzeit Europas. Industrielle Welt Bd.21. Stuttgart 1976, S. 363 - 393.

HERRMANN, U.: Vom "ganzen Haus" zur Kernfamilie. In: Familienpolitik. Landeszentrale für politische Bildung Baden-Württemberg (Hg.). Stuttgart, Berlin und Köln 1989.

HOFF, A./SCHOLZ, J.: Späte Väter, arrivierte Umsteiger und andere Männer an der Peripherie der Arbeitsgesellschaft. In: Schmid, T. (Hg.): Das Ende der starren Zeit. Berlin 1985, S. 72 - 96.

HOLLSTEIN, W.: Nicht Herrscher aber kräftig - Die Zukunft der Männer. Hamburg 1988.

HUBER, J.: Erste Veränderungsperspektiven. In: Willems, H./Winter, R. (Hg.): "... damit du groß und stark wirst". Beiträge zur männlichen Sozialisation. Schwäbisch Gmünd und Tübingen 1990, S. 97 - 104.

JOAS, H.: Rollen- und Interaktionstheorien in der Sozialisationsforschung. In: Hurrelman, K./Ulich, D. (Hg.): Handbuch der Sozialisationsforschung. Weinheim und Basel, 2.Aufl., 1982, S. 147 - 160.

KAFKA, F.: Brief an den Vater. Veröffentlicht im Fischer Taschenbuchverlag ,Frankfurt a.M. 1975.

KAVEMANN, B./LOHSTÖTER, J.: Väter als Täter. Sexuelle Gewalt gegen Mädchen. Reinbek 1984.

KERBER, I.: Jungen im Kindergarten. In: Winter/Willems (Hg.): Was fehlt sind Männer. Schwäb. Gmünd und Tübingen 1991.

KINDLER, H.: Maske(r)ade. Jungen- und Männerarbeit für die Praxis. MännerMaterial Bd. 4. Schwäbisch Gmünd und Tübingen 1993.

KOHLBERG, L.: Analyse der Geschlechtsrollenkonzepte und -Attitüden bei Kindern unter dem Aspekt der kognitiven Entwicklung. (Erstveröffentlichung: Stanford,California 1966). Jetzt in: Kohlberg, L.: Zur kognitiven Entwicklung des Kindes. Frankfurt a.M. 1974, S. 334 - 461.

KRAPPMANN, L.: Neuere Rollenkonzepte als Erklärungsmöglichkeit für Sozialisationsprozesse. In: Auwärter/Kirsch/Schröder (Hg).: Kommunikation, Interaktion, Identität. Frankfurt a.M. 1976, S. 307 - 330.

KRESS, B.: Der neue Mann. München 1983.

LEHR, U.: Das Problem der Sozialisation geschlechtsspezifischer Verhaltensweisen. In: Handbuch der Psychologie, Bd.7,2. Göttingen 1972, S. 886 - 954.

LEHR, U.: Die Rolle der Mutter in der Sozialisation des Kindes. Darmstadt 1974.

LEMPP, R.: Die Rolle des Vaters und ihre Veränderung im 20. Jahrhundert. In: Faulstich,W./-Grimm, G.E. (Hg.): Sturz der Götter? Frankfurt a.M. 1989, S. 176 - 189.

LEUBE, K.: Auf der Suche nach den "neuen Vätern" - Möglichkeiten und Grenzen eines "Väteransatzes" in der Elternarbeit. In: Postler, J./Schreiber, R. (Hg.): Traditionalismus, Verunsicherung, Veränderung. Männerrolle im Wandel? Schriftenreihe des Instituts Frau und Gesellschaft, Bd.3. Bielefeld 1985, S. 77 - 105.

LIMBACH, J.: Die Rolle des Vaters im Wandel des Rechts. In: Zeitschrift für Sozialisationsforschung und Erziehungssoziologie, 8.Jg., Heft 4, 1988, S. 298 - 307.

MACCOBY, E.E./JACKLIN, C.N.: The Psychology of Sex Differences. Stanford 1974.

MAHLER, M.S.: Symbiose und Individuation. Stuttgart 1972.

MEAD, M.: Mann und Weib. Das Verhältnis der Geschlechter in einer sich verändernden Welt. (Erstveröffentlichung 1949) Hamburg 1985.

MEIER, P.: Väter in der Gegenwartsliteratur. In: Schultz, H.J. (Hg.): Vatersein. München 1984, S. 52 - 62.

METZ-GÖCKEL, S./MÜLLER, U.: Der Mann. Die BRIGITTE- Studie. Weinheim und Basel 1986.

MEULENBELT, A.: Wie Schalen einer Zwiebel. München, 2.Aufl., 1985.

MITSCHERLICH, A.: Auf dem Weg zur vaterlosen Gesellschaft. München 1963.

MITSCHERLICH-NIELSEN, M.: Patriarchalische Strukturen in einer "vaterlosen Gesellschaft". In: Schultz, H.J. (Hg.): Vatersein. München 1984, S. 125 - 135.

MONEY, J./EHRHARDT, A.: Männlich-Weiblich. Hamburg 1975.

MURAS, E.: Ich bin Mann - ich bin Vater. In: Ehrenforth,J./Herrwarth, E. (Hg.): Gegenstimmen. Hamburg 1987, S. 131 - 139.

NAPP-PETERS, A.: Ein-Elternteil-Familien - Soziale Randgruppe oder neues familiales Selbstverständnis? Weinheim und München 1985.

NONNENMANN, H.: Jungen in der Psychiatrie. In: Willems, H./Winter, R. (Hg.): "... damit du groß und stark wirst". Beiträge zur männlichen Sozialisation. Schwäbisch Gmünd und Tübingen 1990, S. 83 - 96.

OERTER, R. (Hg.): Entwicklung als lebenslanger Prozeß. Hamburg 1978.

PARSONS, T.: Sozialstruktur und Persönlichkeit. Frankfurt a.M. 1968.

PLECK, J.H.: The male sex role: definitions, problems and sources of change. In: Journal of Social Issue, 1976, 32, 3, S. 155 - 164.

PILGRIM, V.E.: Manifest für den freien Mann. München 1978.

PRENGEL, A.: Der Beitrag der Frauenforschung zu einem anderen Blick auf die Erziehung von Jungen. In: Sozialmagazin, 15.Jg., Heft 7/8, 1990, S. 36 - 47.

PRENZEL, W.: Väter in jungen Familien - Ist ein Ende der Feierabendvaterschaft in Sicht? In: Teichert, V.(Hg.): Junge Familien in der Bundesrepublik Deutschland. Opladen 1990, S. 99 - 117.

PROSS, H.: Die Männer. Hamburg 1978.

RERRICH, M.S.: Balanceakt Familie. Zwischen alten Leitbildern und neuen Lebensformen. Freiburg 1988.

RICHTER, H.E.: Lernziel Solidarität. Hamburg 1974.

RÖHNER, CH.: Geschlechterverhältnisse. Jungen in der Grundschule. In: Winter/Willems: Was fehlt, sind Männer. Schwäbisch Gmünd und Tübingen 1991.

ROTMANN, M.: Die Rolle des Vaters im Leben des kleinen Kindes. In: Schultz, H.J. (Hg.): Vatersein. München 1984, S. 150 - 159.

ROTMANN, M.: Über die Bedeutung des Vaters in der "Wiederannäherungs-Phase". In: Psyche 32 (1978), S. 1105 - 1147.

RYFFEL-GERICKE, CH.: Männer in Beruf und Familie. CH-Diessenhofen 1983.

SCHARMANN, D.L./SCHARMANN, TH.: Die Vaterrolle im Sozialisations- und Entwicklungsprozeß des Kindes. In: Neidhardt, F. (Hg.): Frühkindliche Sozialisation. Stuttgart 1975, S. 270 - 316.

SCHELSKY, H.: Die skeptische Generation. Düsseldorf und Köln 1963.

SCHENK, H.: Geschlechtsrollenwandel und Sexismus. Weinheim und Basel 1979.

SCHMAUCH, U.: Anatomie und Schicksal. Frankfurt a.M. 1987.

SCHMAUCH, U.: So anders und so lebendig... Über Mütter und Söhne. In: Hagemann-White, C./Rerrich, M.S. (Hg.): FrauenMännerBilder. Bielefeld 1988, S. 78 - 97.

SCHRÖTER, M.: Artikel: Vaterliebe. In: Bonorden, H. (Hg.): Was ist los mit den Männern? München 1985, S. 215 - 221.

SCHUCHARDT, H.: Im neunten Jahr - Assoziationen eines alleinerziehenden Vaters. In: Gerspach, M./Hafenegger, B. (Hg.): Das Väterbuch. Frankfurt a.M. 1982, S. 66 - 73.

SCHWÄGLER, G.: Der Vater in soziologischer Sicht. In: Tellenbach, H. (Hg.): Das Vaterbild im Abendland, Bd.1. Stuttgart 1978, S. 149 - 165.

SCHWARZ-AHRENDT, S.: Beruf: Hausmann. Protokolle. Darmstadt und Neuwied 1980.

SICHTERMANN, B.: Zum neuen deutschen Mütter-Ekel. In: Freibeuter, Berlin 1984.

SIEGLER, K.: Killing me softly - Meine Situation als Vater eines behinderten Kindes. In: Gerspach, M./Hafenegger, B. (Hg.): Das Väterbuch. Frankfurt a.M. 1982, S. 84 - 101.

SIELERT, U.: Jungenarbeit. Weinheim und München 1989.

STATISTISCHES BUNDESAMT (Hg.): Frau in Familie, Beruf und Gesellschaft. Wiesbaden 1987.

STATISTISCHES BUNDESAMT (Hg.): Kinderunfälle im Straßenverkehr. Wiesbaden 1989.

STATISTISCHES BUNDESAMT (Hg.): Sterbefälle durch Selbstmord und Selbstbeschädigung. Wiesbaden 1989.

STIERLIN, H.: Das Vermächtnis der Väter, die Hitlers Deutschland möglich machten. Familientherapeutische Perspektiven. In: Schultz, H.J. (Hg.): Vatersein. München 1984, S. 41 - 51.

STORK, J.: Über die Schwäche der Väterbilder oder die Angst vor der Frau. In: Faulstich, W./Grimm, G.E. (Hg.): Sturz der Götter? Frankfurt a.M. 1989, S. 153 - 175.

STRÜMPEL, B. (u.a.): Teilzeitarbeitende Männer und Hausmänner. Beiträge zur Sozialökonomie der Arbeit, Bd.16. Berlin (West) 1988.

STUTTGARTER NACHRICHTEN: Artikel: "Mercedes unter den Programmen für Frauen". In: Stuttgarter Nachrichten vom 12.12.1990.

SÜDWESTPRESSE: Artikel "Deutschlands Väter sind wahre Erziehungsmuffel". In: Südwestpresse vom 15.08.1992.

TILLMANN, K.J.: Sozialisationstheorien. Hamburg 1989.

VORMWEG, H.: Ein kleines Ensemble von Grabmälern. Die Vaterbilder in der neueren Literatur. In: Faulstich, W./Grimm, G.E. (Hg.): Sturz der Götter? Frankfurt 1989, S. 213 - 228.

WAHL, P.: Einige Aspekte männlicher Sozialisation. In: Willems, H./Winter, R. (Hg.): "... damit du groß und stark wirst". Beiträge zur männlichen Sozialisation. Schwäbisch Gmünd und Tübingen 1990, S. 9 - 28.

WILLEMS, H./WINTER, R: (Hg.): "... damit du groß und stark wirst!" Beiträge zur männlichen Sozialisation. Schwäbisch Gmünd und Tübingen 1990.

WINTER, R. (Hg.): Stehversuche. Sexuelle Jungensozialisation und männliche Lebensbewältigung durch Sexualität. Schwäb. Gmünd und Tübingen 1993.

WINTER, R./WILLEMS, H.: (Hg.): Was fehlt sind Männer! Schwäbisch Gmünd und Tübingen 1991.

ZENGELER, H.: Die Sorge des Hausmanns. Weingarten 1985.

Im selben Verlag erschien:

Was fehlt, sind Männer!

Ansätze praktischer Jungen- und Männerarbeit

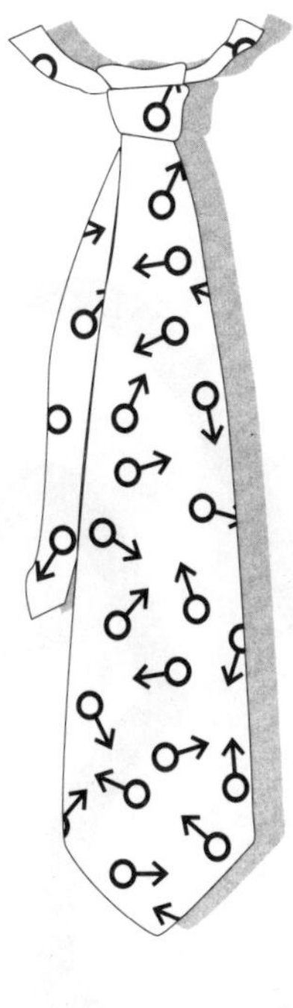

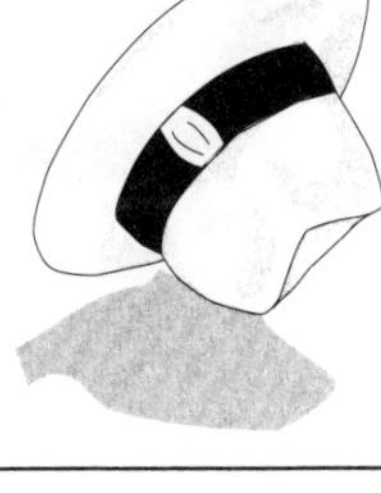

MännerMaterial Band 2

Herausgegeben von
Reinhard Winter und Horst Willems

Im selben Verlag erschien:

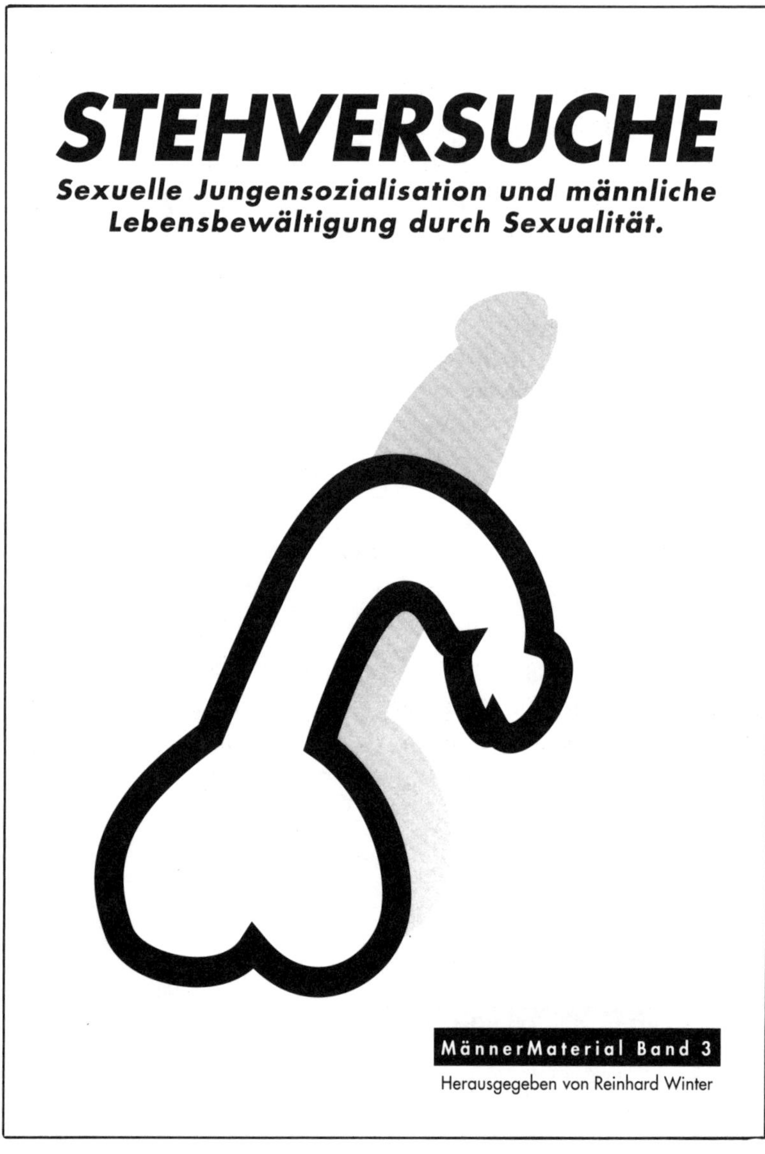

Männliche Sexualität ist ins Gerede gekommen. Geschlechterverhältnisse und Partnerschaftskonflikte brechen in der Sexualität auf. Auch die häufige Koppelung von Gewalt und der Männersexualität liegt heute offen. Die Thematisierung männlicher Sexualität bleibt jedoch oft einseitig. Sie reduziert sich auf äußere Dimensionen: auf Gewalt, Täteraspekte, mediale Produkte oder Ideologien von Männlichkeit. Die "inneren" Dimensionen männlicher Sexualität bleiben verborgen.

Stehversuche wirft einen anderen - dennoch kritischen - Blick auf männliche Sexualität. Das Buch öffnet Zugangsweisen zu ihr und ihrer Sozialisation, ohne sie zu verurteilen oder moralisch zu beschränken. Auch neue Hintergründe für männliche Sexualität werden aufgezeigt.

Dabei werden zwei inhaltliche Stränge verfolgt: Zum einen beschäftigt sich das Buch mit der Frage, wie Jungen und Männer in bezug auf ihre Sexualität sozialisiert werden und sie sich Sexualität aneignen. Zum anderen wird dem Problem der Lebensbewältigung durch Sexualität nachgegangen.

Stehversuche ist mit seinem Basiswissen, seinen Hintergründen und Detailinformationen zunächst für alle gedacht, die mit Jungen und Männern in sozialen, pädagogischen oder psychologischen Berufsfeldern arbeiten. Aber auch Männer, die sich jenseits von Mythen und Ideologien selbst mit ihrer Sexualität auseinandersetzen möchten, sollen mit dem Buch angesprochen werden.

Stehversuche ist in jeder guten Buchhandlung vorrätig. Zu bestellen ist es in jeder Buchhandlung oder direkt beim: